船/舶/安/全/系/列/丛/书

U0868838

船舶行业企业安全风险因素辨识与控制措施(作业场所篇)

李倩倩　主　编

哈尔滨工程大学出版社
Harbin Engineering University Press

内容简介

本书涵盖了船舶行业企业钢材堆场、钢材预处理车间及预处理流水线、下料车间及数控切割流水线等近50处作业场所的安全风险因素清单。风险因素清单首先以《生产过程危害和有害因素分类与代码》(GB/T 13861—2009)规定的危险和有害因素以及《职业病危害因素分类目录》(国卫疾控发〔2015〕92号)中规定的职业病危害因素为依据确定安全风险类别,其次分析船舶行业企业作业场所安全风险产生的原因以及安全风险因素导致的危害,并依据安全风险辨识方法确定安全风险等级,最终制定了相应的管控措施。本书内容翔实完整,通俗易懂。

本书可作为船舶行业企业日常安全风险隐患辨识与控制的参考用书,也可作为班组安全建设、岗位安全达标和安全生产知识普及用书。

图书在版编目(CIP)数据

船舶行业企业安全风险因素辨识与控制措施. 作业场所篇/李倩倩主编. —哈尔滨:哈尔滨工程大学出版社, 2021.9
ISBN 978-7-5661-3278-9

Ⅰ. ①船… Ⅱ. ①李… Ⅲ. ①船厂-工业企业管理-安全管理-研究-中国 Ⅳ. ①F426.474

中国版本图书馆 CIP 数据核字(2021)第186427号

选题策划 史大伟 薛 力
责任编辑 张 彦 田雨虹
封面设计 李海波

出版发行 哈尔滨工程大学出版社
社 址 哈尔滨市南岗区南通大街145号
邮政编码 150001
发行电话 0451-82519328
传 真 0451-82519699
经 销 新华书店
印 刷 北京中石油彩色印刷有限责任公司
开 本 787 mm×1 092 mm 1/16
印 张 9.5
字 数 190千字
版 次 2021年9月第1版
印 次 2021年9月第1次印刷
定 价 36.00元
http://www.hrbeupress.com
E-mail:heupress@hrbeu.edu.cn

编　委　会

主　编　李倩倩

参　编　吉洪文　王靖瑶　匡文琪　郭俊琦
李巧平　王义冬　崔　铮　老铁佳
王　琮　孙耀刚　石　隽　李中军
张雅君　潘　玮　林　骏　黄　琳
李占岭　薛楚凡　史晓慧　张馨予

前　言

为深入贯彻落实中共中央、国务院关于加强安全风险管控和隐患排查“双控机制”的指示，落实国务院安全生产委员会、国务院国有资产监督管理委员会、国家国防科技工业局等上级部门关于建立、健全企业安全风险管控与隐患排查工作的具体要求，推动船舶行业企业安全风险管控与隐患排查工作深入开展，中国船舶工业综合技术经济研究院组织编写了《船舶行业企业安全风险因素辨识与控制措施（作业场所篇）》。本书详细列出了船舶行业企业主要作业场所存在的安全风险类别、安全风险产生的原因、导致的危害以及所要采取的控制措施，对进一步提高船舶行业企业安全生产管理人员安全风险辨识和隐患排查能力，有效指导各单位顺利开展安全管理工作起到重要作用。

2021 年 9 月 1 日实施的新修订的《中华人民共和国安全生产法》明确规定了生产经营单位的主要负责人对本单位安全生产工作负有“组织建立并落实安全风险分级管控和隐患排查治理双重预防工作机制，督促、检查本单位的安全生产工作，及时消除生产安全事故隐患”的职责。《中华人民共和国安全生产法》还规定了“生产经营单位应当建立安全风险分级管控制度，按照安全风险分级采取相应的管控措施”。此次新修订的《中华人民共和国安全生产法》对船舶行业企业安全风险管控与隐患排查工作都提出了更高、更具体的要求，这对于企业安全生产管理工作也是更加严格的考验。本书的编写顺应了新时期船舶行业企业安全生产工作的新需求，有利于企业安全管理人员业务能力的提升。

众所周知，船舶制造过程工序复杂，涉及的作业场所众多，存在安全风险因素繁杂，辨识难度大，控制措施难以制定、实施等问题。本书涵盖了船舶行业企业钢材堆场、钢材预处理车间及预处理流水线、下料车间及数控切割流水线等近 50 处作业场所的安全风险因素清单。本书所列的风险因素清单首先以《生产过程危害和有害因素分类与代码》（GB/T 13861—2009）规定的危险和有害因素以及《职业病危害因素分类目录》（国卫疾控发〔2015〕92 号）中规定的职业病危害因素为依据确定了船舶行业企业作业场所安全风险类别，其次分析了安全风险产生的原因以及安全风险导致的危害，并依据安全风险辨识方法确定安全风险等级，最终制定了相应的管控措施，有效解决了上述安全风险管理过程中存在的问题。本书内容翔实完整，通俗易懂。

本书以科学性、客观性、适用性为原则,详细编制了船舶行业企业作业场所安全风险隐患辨识与控制措施,强化了企业日常安全风险与隐患辨识的常态化管理。

在本书编写过程中,编者参阅了相关的书籍资料,听取了相关安全生产专家的宝贵意见和建议,也得到了各界领导的支持和指导,在此一并表示衷心感谢!

由于编者水平有限,书中难免存在疏漏之处,敬请读者批评指正,以便改进。

编　者

2021 年于北京

目　　录

表1　钢材堆场安全风险因素清单

序号	作业场所	安全风险因素	安全风险原因	安全风险危害	安全风险			安全风险等级	管控措施
					后果严重性等级	可能性等级	风险指数		
1	钢材堆场	人的因素	现场作业人员未穿戴劳防用品或劳防用品穿戴不规范	物体打击、高处坠落、其他伤害					1　管理部门应为员工配备符合标准要求的劳防用品； 2　作业人员应提高安全意识，现场作业必须按要求穿戴劳防用品； 3　作业主管应加强日常监管
2		物的因素	钢材堆垛间通道间距小于0.8 m	物体打击、其他伤害					作业人员应按照要求摆放钢材，确保堆垛之间的距离符合要求
3			钢材堆放不稳固	高处坠落、物体打击、其他伤害					作业人员应按照要求摆放钢材，确保钢材堆放稳固，符合要求
4			不同种类钢材混合堆放	高处坠落、物体打击、其他伤害					管理部门应加强作业现场监管，严禁不同种类钢材混合堆放
5			未按堆场设计承重规定设置钢材堆放高度标志	高处坠落、物体打击、其他伤害					管理部门应严格按照堆场设计承重规定设置钢材堆放高度标志
6			场内车辆通道有明显坑洼	车辆伤害、其他伤害					管理部门应加强场内道路的检查、维修，确保场内运输安全可靠
7			安全、职业卫生、警示标志有缺陷	起重伤害、高处坠落、物体打击、车辆伤害、其他伤害					管理人员应加强安全、职业卫生、警示标志日常检查

表1(续)

序号	作业场所	安全风险因素	安全风险原因	安全风险危害	安全风险			安全风险等级	管控措施
					后果严重性等级	可能性等级	风险指数		
8	钢材堆场	管理因素	1 现场未张贴现场安全管理规定和作业安全管理规定; 2 张贴的现场安全管理规定和作业安全管理规定内容存在问题	起重伤害、爆炸、物体打击、车辆伤害、其他伤害					1 管理部门应制定符合法律法规、标准规范要求的现场安全管理规定和作业安全管理规定,并在现场张贴; 2 作业人员应加强现场安全管理规定和作业安全管理规定的培训,掌握相关内容
9			1 现场无事故现场处置方案; 2 张贴的事故现场处置方案内容存在问题	起重伤害、高处坠落、物体打击、车辆伤害、其他伤害					1 管理部门应制订符合法律法规、标准规范要求的事故现场处置方案,并在现场张贴; 2 作业人员应加强事故现场处置方案培训,掌握相关内容

表2　钢材预处理车间及预处理流水线安全风险因素清单

序号	作业场所	安全风险因素	安全风险原因	安全风险危害	安全风险			安全风险等级	管控措施
					后果严重性等级	可能性等级	风险指数		
1	钢材预处理车间及预处理流水线	人的因素	现场作业人员未穿戴劳防用品或劳防用品穿戴不规范	触电、物体打击、高处坠落、职业性尘肺病及其他呼吸系统疾病、职业性耳鼻喉口腔疾病、职业性眼疾、其他伤害					1　管理部门应为员工配备符合标准要求的劳防用品； 2　作业人员应提高安全意识，现场作业必须按要求穿戴劳防用品； 3　作业主管应加强日常监管
2		物的因素	设备设施无定期检查记录或检查记录有缺陷	触电、物体打击、高处坠落、其他伤害					1　管理部门应定期检查设备设施并做好相关检查记录； 2　操作人员应做好设备设施日常检查并做好相关记录
3			设备设施有缺陷	触电、物体打击、高处坠落、其他伤害					1　管理部门应对设备设施做好检查维修，及时更新更换； 2　操作人员应做好设备设施置日常维护工作
4			附属动能源管道及分配器、配电箱有缺陷	触电、物体打击、其他伤害					车间管理人员应加强附属动能源管道及分配器、配电箱日常安全检查，发现问题及时上报管理部门
5			附属起重设备、运输设备、吊索具有缺陷	起重伤害、车辆伤害、其他伤害					车间管理人员应加强附属起重设备、运输设备、吊索具日常安全检查，发现问题及时上报管理部门

表2(续1)

序号	作业场所	安全风险因素	安全风险原因	安全风险危害	安全风险			安全风险等级	管控措施
					后果严重性等级	可能性等级	风险指数		
6	钢材预处理车间及预处理流水线	物的因素	消防设施、灭火器材、职业病急救装置、安全通道、应急照明、护栏有缺陷	火灾、爆炸、物体打击、其他伤害					车间管理人员应加强消防设施、灭火器材、职业病急救装置、安全通道、应急照明、护栏等日常安全检查,发现问题及时上报管理部门
7		管理因素	安全、职业卫生、警示标志和职业病危害因素检测结果公示有缺陷	触电、起重伤害、火灾、爆炸、物体打击、车辆伤害、职业性尘肺病及其他呼吸系统疾病、职业性耳鼻喉口腔疾病、职业性眼疾、其他伤害					车间管理人员应加强安全、职业卫生、警示标志日常检查,并及时将职业病危害因素检测结果如实进行公示
8			作业区、通道未实施定置管理或现场杂乱	车辆伤害、其他伤害					相关责任部门应做好车辆定置、保养,清洁
9			1 现场未张贴现场安全管理规定和作业安全管理规定; 2 张贴的现场安全管理规定和作业安全管理规定内容存在问题	触电、起重伤害、火灾、爆炸、物体打击、车辆伤害、职业性尘肺病及其他呼吸系统疾病、职业性耳鼻喉口腔疾病、职业性眼疾、其他伤害					1 车间应制定符合法律法规、标准规范要求的现场安全管理规定和作业安全管理规定,并在现场张贴; 2 作业人员应加强现场安全管理规定和作业安全管理规定的培训,掌握相关内容

表 2(续 2)

序号	作业场所	安全风险因素	安全风险原因	安全风险危害	安全风险			安全风险等级	管控措施
					后果严重性等级	可能性等级	风险指数		
10	钢材预处理车间及预处理流水线	管理因素	1　现场无相应设备安全操作规程、无事故现场处置方案; 2　张贴的设备安全操作规程、无事故现场处置方案内容存在问题	触电、起重伤害、火灾、爆炸、物体打击、车辆伤害、职业性尘肺病及其他呼吸系统疾病、职业性耳鼻喉口腔疾病、职业性眼疾、其他伤害					1　车间应制订符合法律法规、标准规范要求的设备安全操作规程、事故现场处置方案,并在现场张贴; 2　作业人员应加强设备安全操作规程、事故现场处置方案培训,掌握相关内容

表3　下料车间及数控切割流水线安全风险因素清单

序号	作业场所	安全风险因素	安全风险原因	安全风险危害	安全风险			安全风险等级	管控措施
					后果严重性等级	可能性等级	风险指数		
1	下料车间及数控切割流水线	人的因素	现场作业人员未穿戴劳防用品或劳防用品穿戴不规范	触电、物体打击、高处坠落、职业性尘肺病及其他呼吸系统疾病、职业性耳鼻喉口腔疾病、职业性眼疾、其他伤害					1　管理部门为员工配备符合标准要求的劳防用品； 2　作业人员应提高安全意识，现场作业必须按要求穿戴劳防用品； 3　作业主管应加强日常监管
2			设备设施无定期检查记录或检查记录有缺陷	触电、物体打击、高处坠落、其他伤害					1　管理部门应定期检查设备设施并做好相关检查记录； 2　操作人员应做好设备设施日常检查并做好相关记录
3		物的因素	设备设施有缺陷	触电、物体打击、高处坠落、其他伤害					1　管理部门应对设备设施做好检查维修，及时更新更换； 2　操作人员应做好设备设施置日常维护工作
4			附属动能源管道及分配器、配电箱有缺陷	触电、物体打击、其他伤害					车间管理人员应加强附属动能源管道及分配器、配电箱日常安全检查，发现问题及时上报管理部门
5			作业用临时动能源管线、电缆架设不规范	触电、物体打击、高处坠落、其他伤害					管理人员应监督作业用临时动能源管线、电缆的架设过程，确保都符合规范

表3(续1)

序号	作业场所	安全风险因素	安全风险原因	安全风险危害	安全风险			安全风险等级	管控措施
					后果严重性等级	可能性等级	风险指数		
6	下料车间及数控切割流水线	物的因素	附属起重设备、运输设备、吊索具有缺陷	起重伤害、车辆伤害、其他伤害					车间管理人员应加强附属起重设备、运输设备、吊索具日常安全检查，发现问题及时上报管理部门
7			消防设施、灭火器材、职业病急救装置、安全通道、应急照明、护栏有缺陷	火灾、爆炸、物体打击、其他伤害					车间管理人员应加强消防设施、灭火器材、职业病急救装置、安全通道、应急照明、护栏等日常安全检查，发现问题及时上报管理部门
8			安全、职业卫生、警示标志和职业病危害因素检测结果公示有缺陷	触电、起重伤害、火灾、爆炸、物体打击、车辆伤害、职业性尘肺病及其他呼吸系统疾病、职业性耳鼻喉口腔疾病、职业性眼疾、其他伤害					车间管理人员应加强安全、职业卫生、警示标志日常检查，并及时将职业病危害因素检测结果如实进行公示
9			作业区、通道未实施定置管理或现场杂乱	车辆伤害、其他伤害					相关责任部门应做好车辆定置、保养，清洁
10		管理因素	1　现场未张贴现场安全管理规定和作业安全管理规定； 2　张贴的现场安全管理规定和作业安全管理规定内容存在问题	触电、起重伤害、火灾、爆炸、物体打击、车辆伤害、职业性尘肺病及其他呼吸系统疾病、职业性耳鼻喉口腔疾病、职业性眼疾、其他伤害					1　车间应制定符合法律法规、标准规范要求的现场安全管理规定和作业安全管理规定，并在现场张贴； 2　作业人员应加强现场安全管理规定和作业安全管理规定的培训，掌握相关内容

表3(续2)

序号	作业场所	安全风险因素	安全风险原因	安全风险危害	安全风险			安全风险等级	管控措施
					后果严重性等级	可能性等级	风险指数		
11	下料车间及数控切割流水线	管理因素	1　现场无相应设备安全操作规程、无事故现场处置方案; 2　张贴的设备安全操作规程、事故现场处置方案内容存在问题	触电、起重伤害、火灾、爆炸、物体打击、车辆伤害、职业性尘肺病及其他呼吸系统疾病、职业性耳鼻喉口腔疾病、职业性眼疾、其他伤害					1　车间应制订符合法律法规、标准规范要求的设备安全操作规程、事故现场处置方案,并在现场张贴; 2　作业人员应加强设备安全操作规程、事故现场处置方案培训,掌握相关内容

表4　部件、分段组装车间及装焊流水线安全风险因素清单

序号	作业场所	安全风险因素	安全风险原因	安全风险危害	安全风险			安全风险等级	管控措施
					后果严重性等级	可能性等级	风险指数		
1	部件、分段组装车间及装焊流水线	人的因素	现场作业人员未穿戴劳防用品或劳防用品穿戴不规范	触电、物体打击、高处坠落、职业性尘肺病及其他呼吸系统疾病、职业性耳鼻喉口腔疾病、职业性眼疾、其他伤害					1　管理部门应为员工配备符合标准要求的劳防用品； 2　作业人员应提高安全意识，现场作业必须按要求穿戴劳防用品； 3　作业主管应加强日常监管
2			设备设施无定期检查记录或检查记录有缺陷	触电、物体打击、高处坠落、其他伤害					1　管理部门应定期检查设备设施并做好相关检查记录； 2　操作人员应做好设备设施日常检查并做好相关记录
3		物的因素	设备设施有缺陷	触电、物体打击、高处坠落、其他伤害					1　管理部门应对设备设施做好检查维修，及时更新更换； 2　操作人员应做好设备设施日常维护工作
4			脚手架及临时梯搭设不规范	物体打击、高处坠落					管理人员应监督脚手架及临时梯搭设过程，确保都符合规范
5			附属动能源管道及分配器、配电箱有缺陷	触电、物体打击、其他伤害					车间管理人员应加强附属动能源管道及分配器、配电箱日常安全检查，发现问题及时上报管理部门
6			作业用临时动能源管线、电缆架设不规范	触电、物体打击、高处坠落、其他伤害					管理人员应监督作业用临时动能源管线、电缆的架设过程，确保都符合规范

表 4(续 1)

序号	作业场所	安全风险因素	安全风险原因	安全风险危害	安全风险			安全风险等级	管控措施
					后果严重性等级	可能性等级	风险指数		
7	部件、分段组装车间及装焊流水线	物的因素	附属起重设备、运输设备、吊索具有缺陷	起重伤害、车辆伤害、其他伤害					车间管理人员应加强附属起重设备、运输设备、吊索具日常安全检查,发现问题及时上报管理部门
8			消防设施、灭火器材、职业病急救装置、安全通道、应急照明、护栏有缺陷	火灾、爆炸、物体打击、其他伤害					车间管理人员应加强消防设施、灭火器材、职业病急救装置、安全通道、应急照明、护栏等日常安全检查,发现问题及时上报管理部门
9			安全、职业卫生、警示标志和职业病危害因素检测结果公示有缺陷	触电、起重伤害、火灾、爆炸、物体打击、车辆伤害、职业性尘肺病及其他呼吸系统疾病、职业性耳鼻喉口腔疾病、职业性眼疾、其他伤害					车间管理人员应加强安全、职业卫生、警示标志日常检查,并及时将职业病危害因素检测结果如实进行公示
10			作业区、通道未实施定置管理或现场杂乱	车辆伤害、其他伤害					相关责任部门应做好车辆定置、保养,清洁
11		管理因素	1　现场未张贴现场安全管理规定和作业安全管理规定; 2　张贴的现场安全管理规定和作业安全管理规定内容存在问题	触电、起重伤害、火灾、爆炸、物体打击、车辆伤害、职业性尘肺病及其他呼吸系统疾病、职业性耳鼻喉口腔疾病、职业性眼疾、其他伤害					1　车间应制定符合法律法规、标准规范要求的现场安全管理规定和作业安全管理规定,并在现场张贴; 2　作业人员应加强现场安全管理规定和作业安全管理规定的培训,掌握相关内容

表4(续2)

序号	作业场所	安全风险因素	安全风险原因	安全风险危害	安全风险			安全风险等级	管控措施
					后果严重性等级	可能性等级	风险指数		
12	部件、分段组装车间及装焊流水线	管理因素	1　现场无相应设备安全操作规程、无事故现场处置方案； 2　张贴的设备安全操作规程、事故现场处置方案内容存在问题	触电、起重伤害、火灾、爆炸、物体打击、车辆伤害、职业性尘肺病及其他呼吸系统疾病、职业性耳鼻喉口腔疾病、职业性眼疾、其他伤害					1　车间应制订符合法律法规、标准规范要求的设备安全操作规程、事故现场处置方案，并在现场张贴； 2　作业人员应加强设备安全操作规程、事故现场处置方案培训，掌握相关内容

表5　机械加工车间安全风险因素清单

序号	作业场所	安全风险因素	安全风险原因	安全风险危害	安全风险			安全风险等级	管控措施
					后果严重性等级	可能性等级	风险指数		
1	机械加工车间	人的因素	现场作业人员未穿戴劳防用品或劳防用品穿戴不规范	触电、物体打击、高处坠落、职业性尘肺病及其他呼吸系统疾病、职业性耳鼻喉口腔疾病、职业性眼疾、其他伤害					1　管理部门应为员工配备符合标准要求的劳防用品; 2　作业人员应提高安全意识,现场作业必须按要求穿戴劳防用品; 3　作业主管应加强日常监管
2			设备设施无定期检查记录或检查记录有缺陷	触电、物体打击、高处坠落、其他伤害					1　管理部门应定期检查设备设施并做好相关检查记录; 2　操作人员应做好设备设施日常检查并做好相关记录
3		物的因素	设备设施有缺陷	触电、物体打击、高处坠落、其他伤害					1　管理部门应对设备设施做好检查维修,及时更新更换; 2　操作人员应做好设备设施置日常维护工作
4			附属动能源管道及分配器、配电箱有缺陷	触电、物体打击、其他伤害					车间管理人员应加强附属动能源管道及分配器、配电箱日常安全检查,发现问题及时上报管理部门
5			附属起重设备、运输设备、吊索具有缺陷	起重伤害、车辆伤害、其他伤害					车间管理人员应加强附属起重设备、运输设备、吊索具日常安全检查,发现问题及时上报管理部门

表5(续1)

序号	作业场所	安全风险因素	安全风险原因	安全风险危害	安全风险			安全风险等级	管控措施
					后果严重性等级	可能性等级	风险指数		
6	机械加工车间	物的因素	消防设施、灭火器材、职业病急救装置、安全通道、应急照明、护栏有缺陷	火灾、爆炸、物体打击、其他伤害					车间管理人员应加强消防设施、灭火器材、职业病急救装置、安全通道、应急照明、护栏等日常安全检查,发现问题及时上报管理部门
7			安全、职业卫生、警示标志和职业病危害因素检测结果公示有缺陷	触电、起重伤害、火灾、爆炸、物体打击、车辆伤害、职业性尘肺病及其他呼吸系统疾病、职业性耳鼻喉口腔疾病、职业性眼疾、其他伤害					车间管理人员应加强安全、职业卫生、警示标志日常检查,并及时将职业病危害因素检测结果如实进行公示
8			作业区、通道未实施定置管理或现场杂乱	车辆伤害、其他伤害					相关责任部门应做好车辆定置、保养,清洁
9		管理因素	1　现场未张贴现场安全管理规定和作业安全管理规定; 2　张贴的现场安全管理规定和作业安全管理规定内容存在问题	触电、起重伤害、火灾、爆炸、物体打击、车辆伤害、职业性尘肺病及其他呼吸系统疾病、职业性耳鼻喉口腔疾病、职业性眼疾、其他伤害					1　车间应制定符合法律法规、标准规范要求的现场安全管理规定和作业安全管理规定,并在现场张贴; 2　作业人员应加强现场安全管理规定和作业安全管理规定的培训,掌握相关内容

表5(续2)

序号	作业场所	安全风险因素	安全风险原因	安全风险危害	安全风险			安全风险等级	管控措施
					后果严重性等级	可能性等级	风险指数		
10	机械加工车间	管理因素	1 现场无相应设备安全操作规程、无事故现场处置方案; 2 张贴的设备安全操作规程、事故现场处置方案内容存在问题	触电、起重伤害、火灾、爆炸、物体打击、车辆伤害、职业性尘肺病及其他呼吸系统疾病、职业性耳鼻喉口腔疾病、职业性眼疾、其他伤害					1 车间应制订符合法律法规、标准规范要求的设备安全操作规程、事故现场处置方案,并在现场张贴; 2 作业人员应加强设备安全操作规程、事故现场处置方案培训,掌握相关内容

表6　冷加工车间安全风险因素清单

序号	作业场所	安全风险因素	安全风险原因	安全风险危害	安全风险			安全风险等级	管控措施
					后果严重性等级	可能性等级	风险指数		
1	冷加工车间	人的因素	现场作业人员未穿戴劳防用品或劳防用品穿戴不规范	触电、物体打击、高处坠落、职业性尘肺病及其他呼吸系统疾病、职业性耳鼻喉口腔疾病、职业性眼疾、其他伤害					1　管理部门应为员工配备符合标准要求的劳防用品； 2　作业人员应提高安全意识，现场作业必须按要求穿戴劳防用品； 3　作业主管应加强日常监管
2	冷加工车间	人的因素	设备设施无定期检查记录或检查记录有缺陷	触电、物体打击、高处坠落、其他伤害					1　管理部门应定期检查设备设施并做好相关检查记录； 2　操作人员应做好设备设施日常检查并做好相关记录
3	冷加工车间	物的因素	设备设施有缺陷	触电、物体打击、高处坠落、其他伤害					1　管理部门应对设备设施做好检查维修，及时更新更换； 2　操作人员应做好设备设施置日常维护工作
4	冷加工车间	物的因素	附属动能源管道及分配器、配电箱有缺陷	触电、物体打击、其他伤害					车间管理人员应加强附属动能源管道及分配器、配电箱日常安全检查，发现问题及时上报管理部门
5	冷加工车间	物的因素	附属起重设备、运输设备、吊索具有缺陷	起重伤害、车辆伤害、其他伤害					车间管理人员应加强附属起重设备、运输设备、吊索具日常安全检查，发现问题及时上报管理部门

表6(续1)

序号	作业场所	安全风险因素	安全风险原因	安全风险危害	安全风险			安全风险等级	管控措施
					后果严重性等级	可能性等级	风险指数		
6	冷加工车间	物的因素	消防设施、灭火器材、职业病急救装置、安全通道、应急照明、护栏有缺陷	火灾、爆炸、物体打击、其他伤害					车间管理人员应加强消防设施、灭火器材、职业病急救装置、安全通道、应急照明、护栏等日常安全检查,发现问题及时上报管理部门
7			安全、职业卫生、警示标志和职业病危害因素检测结果公示有缺陷	触电、起重伤害、火灾、爆炸、物体打击、车辆伤害、职业性尘肺病及其他呼吸系统疾病、职业性耳鼻喉口腔疾病、职业性眼疾、其他伤害					车间管理人员应加强安全、职业卫生、警示标志日常检查,并及时将职业病危害因素检测结果如实进行公示
8			作业区、通道未实施定置管理或现场杂乱	车辆伤害、其他伤害					相关责任部门应做好车辆定置、保养,清洁
9		管理因素	1　现场未张贴现场安全管理规定和作业安全管理规定; 2　张贴的现场安全管理规定和作业安全管理规定内容存在问题	触电、起重伤害、火灾、爆炸、物体打击、车辆伤害、职业性尘肺病及其他呼吸系统疾病、职业性耳鼻喉口腔疾病、职业性眼疾、其他伤害					1　车间应制定符合法律法规、标准规范要求的现场安全管理规定和作业安全管理规定,并在现场张贴; 2　作业人员应加强现场安全管理规定和作业安全管理规定的培训,掌握相关内容

表 6(续 2)

序号	作业场所	安全风险因素	安全风险原因	安全风险危害	安全风险			安全风险等级	管控措施
					后果严重性等级	可能性等级	风险指数		
10	冷加工车间	管理因素	1　现场无相应设备安全操作规程、无事故现场处置方案; 2　张贴的设备安全操作规程、事故现场处置方案内容存在问题	触电、起重伤害、火灾、爆炸、物体打击、车辆伤害、职业性尘肺病及其他呼吸系统疾病、职业性耳鼻喉口腔疾病、职业性眼疾、其他伤害					1　车间应制订符合法律法规、标准规范要求的设备安全操作规程、事故现场处置方案,并在现场张贴; 2　作业人员应加强设备安全操作规程、事故现场处置方案培训,掌握相关内容

表7　喷丸(砂)车间及设备安全风险因素清单

序号	作业场所	安全风险因素	安全风险原因	安全风险危害	安全风险			安全风险等级	管控措施
					后果严重性等级	可能性等级	风险指数		
1	喷丸(砂)车间及设备	人的因素	现场作业人员未穿戴劳防用品或劳防用品穿戴不规范	触电、物体打击、高处坠落、职业性尘肺病及其他呼吸系统疾病、职业性耳鼻喉口腔疾病、职业性眼疾、其他伤害					1　管理部门应为员工配备符合标准要求的劳防用品; 2　作业人员应提高安全意识,现场作业必须按要求穿戴劳防用品; 3　作业主管应加强日常监管
2			设备设施无定期检查记录或检查记录有缺陷	触电、物体打击、高处坠落、其他伤害					1　管理部门应定期检查设备设施并做好相关检查记录; 2　操作人员应做好设备设施日常检查并做好相关记录
3		物的因素	1　控制室无相关设备设施运行记录; 2　控制室相关设备设施运行记录不规范	触电、其他伤害					1　作业人员应规范做好控制室设备设施运行记录; 2　管理人员应定期对控制室设备设施运行记录进行检查,确保记录完整规范
4			设备设施有缺陷	触电、物体打击、高处坠落、其他伤害					1　管理部门应对设备设施做好检查维修,及时更新更换; 2　操作人员应做好设备设施置日常维护工作
5			脚手架及临时梯搭设不规范	物体打击、高处坠落					管理人员应监督脚手架及临时梯搭设过程,确保都符合规范

表7(续1)

序号	作业场所	安全风险因素	安全风险原因	安全风险危害	安全风险			安全风险等级	管控措施
					后果严重性等级	可能性等级	风险指数		
6	喷丸(砂)车间及设备	物的因素	附属动能源管道及分配器、配电箱有缺陷	触电、物体打击、其他伤害					车间管理人员应加强附属动能源管道及分配器、配电箱日常安全检查,发现问题及时上报管理部门
7			消防设施、灭火器材、职业病急救装置、安全通道、应急照明、护栏有缺陷	火灾、爆炸、物体打击、其他伤害					车间管理人员应加强消防设施、灭火器材、职业病急救装置、安全通道、应急照明、护栏等日常安全检查,发现问题及时上报管理部门
8			安全、职业卫生、警示标志和职业病危害因素检测结果公示有缺陷	触电、火灾、爆炸、物体打击、职业性尘肺病及其他呼吸系统疾病、职业性耳鼻喉口腔疾病、职业性眼疾、其他伤害					车间管理人员应加强安全、职业卫生、警示标志日常检查,并及时将职业病危害因素检测结果如实进行公示
9		管理因素	作业区、通道未实施定置管理或现场杂乱	车辆伤害、其他伤害					相关责任部门应做好车辆定置、保养,清洁
10			1　现场未张贴现场安全管理规定和作业安全管理规定; 2　张贴的现场安全管理规定和作业安全管理规定内容存在问题	触电、火灾、爆炸、物体打击、职业性尘肺病及其他呼吸系统疾病、职业性耳鼻喉口腔疾病、职业性眼疾、其他伤害					1　车间应制定符合法律法规、标准规范要求的现场安全管理规定和作业安全管理规定,并在现场张贴; 2　作业人员应加强现场安全管理规定和作业安全管理规定的培训,掌握相关内容

表7(续2)

序号	作业场所	安全风险因素	安全风险原因	安全风险危害	安全风险			安全风险等级	管控措施
					后果严重性等级	可能性等级	风险指数		
11	喷丸(砂)车间及设备	管理因素	1 现场无相应设备安全操作规程、无事故现场处置方案; 2 张贴的设备安全操作规程、事故现场处置方案内容存在问题	触电、起重伤害、火灾、爆炸、物体打击、车辆伤害、职业性尘肺病及其他呼吸系统疾病、职业性耳鼻喉口腔疾病、职业性眼疾、其他伤害					1 车间应制订符合法律法规、标准规范要求的设备安全操作规程、事故现场处置方案,并在现场张贴; 2 作业人员应加强设备安全操作规程、事故现场处置方案培训,掌握相关内容

表 8　涂装车间及设备安全风险因素清单

序号	作业场所	安全风险因素	安全风险原因	安全风险危害	安全风险			安全风险等级	管控措施
					后果严重性等级	可能性等级	风险指数		
1	涂装车间及设备	人的因素	现场作业人员未穿戴劳防用品或劳防用品穿戴不规范	触电、物体打击、高处坠落、职业性尘肺病及其他呼吸系统疾病、职业性耳鼻喉口腔疾病、其他伤害					1　管理部门应为员工配备符合标准要求的劳防用品； 2　作业人员应提高安全意识，现场作业必须按要求穿戴劳防用品； 3　作业主管应加强日常监管
2			设备设施无定期检查记录或检查记录有缺陷	触电、物体打击、高处坠落、其他伤害					1　管理部门应定期检查设备设施并做好相关检查记录； 2　操作人员应做好设备设施日常检查并做好相关记录
3		物的因素	1　控制室无相关设备设施运行记录； 2　控制室相关设备设施运行记录不规范	触电、其他伤害					1　作业人员应规范做好控制室设备设施运行记录； 2　管理人员应对控制室设备设施运行记录定期进行检查，确保记录完整规范
4			设备设施有缺陷	触电、物体打击、高处坠落、其他伤害					1　管理部门应对设备设施做好检查维修，及时更新更换； 2　操作人员应做好设备设施置日常维护工作

表 8(续 1)

序号	作业场所	安全风险因素	安全风险原因	安全风险危害	安全风险			安全风险等级	管控措施
					后果严重性等级	可能性等级	风险指数		
5	涂装车间及设备	物的因素	涂装间、附属油漆存放间(点)、调漆间电气防爆措施不完整	火灾、爆炸、触电、其他伤害					车间管理部门应做好涂装间、附属油漆存放间(点)、调漆间电气防爆措施,并加强日常安全检查,发现隐患及时整改
6			喷漆泵接地线不规范	火灾、爆炸、触电、其他伤害					相关人员应做好喷漆泵接地线的规范接地,并加强日常安全检查,发现隐患及时整改
7			涂装间、附属油漆存放间(点)、调漆间有火源或用火痕迹	火灾、爆炸、其他伤害					1 涂装间、附属油漆存放间(点)、调漆间严禁火源; 2 管理人员应加强日常安全检查,杜绝此类隐患发生
8			脚手架及临时梯搭设不规范	物体打击、高处坠落					管理人员应监督脚手架及临时梯搭设过程,确保都符合规范
9			附属动能源管道及分配器、配电箱有缺陷	触电、物体打击、其他伤害					车间管理人员应加强附属动能源管道及分配器、配电箱日常安全检查,发现问题及时上报管理部门
10			消防设施、灭火器材、职业病急救装置、安全通道、应急照明、护栏有缺陷	火灾、爆炸、物体打击、其他伤害					车间管理人员应加强消防设施、灭火器材、职业病急救装置、安全通道、应急照明、护栏等日常安全检查,发现问题及时上报管理部门

表8(续2)

序号	作业场所	安全风险因素	安全风险原因	安全风险危害	安全风险			安全风险等级	管控措施
					后果严重性等级	可能性等级	风险指数		
11	涂装车间及设备	物的因素	安全、职业卫生、警示标志和职业病危害因素检测结果公示有缺陷	触电、火灾、爆炸、物体打击、职业性尘肺病及其他呼吸系统疾病、职业性耳鼻喉口腔疾病、其他伤害					车间管理人员应加强安全、职业卫生、警示标志日常检查,并及时将职业病危害因素检测结果如实进行公示
12			作业区、通道未实施定置管理或现场杂乱	车辆伤害、其他伤害					相关责任部门应做好车辆定置、保养,清洁
13		管理因素	1　现场未张贴现场安全管理规定和作业安全管理规定; 2　张贴的现场安全管理规定和作业安全管理规定内容存在问题	触电、火灾、爆炸、物体打击、职业性尘肺病及其他呼吸系统疾病、职业性耳鼻喉口腔疾病、其他伤害					1　车间应制定符合法律法规、标准规范要求的现场安全管理规定和作业安全管理规定,并在现场张贴; 2　作业人员应当加强现场安全管理规定和作业安全管理规定的培训,掌握相关内容
14			1　现场无相应设备安全操作规程、无事故现场处置方案; 2　张贴的设备安全操作规程、事故现场处置方案内容存在问题	触电、火灾、爆炸、物体打击、职业性尘肺病及其他呼吸系统疾病、职业性耳鼻喉口腔疾病、其他伤害					1　车间应制订符合法律法规、标准规范要求的设备安全操作规程、事故现场处置方案,并在现场张贴; 2　作业人员应加强设备安全操作规程、事故现场处置方案培训,掌握相关内容
15			附属油漆存放间(点)、调漆间管理不规范	火灾、爆炸、其他伤害					车间应加强附属油漆存放间(点)、调漆间的日常管理工作

表9　外场平台作业区安全风险因素清单

序号	作业场所	安全风险因素	安全风险原因	安全风险危害	安全风险			安全风险等级	管控措施
					后果严重性等级	可能性等级	风险指数		
1	外场平台作业区	人的因素	现场作业人员未穿戴劳防用品或劳防用品穿戴不规范	触电、物体打击、高处坠落、职业性尘肺病及其他呼吸系统疾病、职业性耳鼻喉口腔疾病、职业性眼疾、其他伤害					1　管理部门应为员工配备符合标准要求的劳防用品; 2　作业人员应提高安全意识,现场作业必须按要求穿戴劳防用品; 3　作业主管应加强日常监管
2			设备设施无定期检查记录或检查记录有缺陷	触电、物体打击、高处坠落、其他伤害					1　管理部门应定期检查设备设施并做好相关检查记录; 2　操作人员应做好设备设施日常检查并做好相关记录
3		物的因素	设备设施有缺陷	触电、物体打击、高处坠落、其他伤害					1　管理部门应对设备设施做好检查维修,及时更新更换; 2　操作人员应做好设备设施置日常维护工作
4			脚手架及临时梯搭设不规范	物体打击、高处坠落					管理人员应监督脚手架及临时梯搭设过程,确保都符合规范
5			附属动能源管道及分配器、配电箱有缺陷	触电、物体打击、其他伤害					管理人员应加强附属动能源管道及分配器、配电箱日常安全检查,发现问题及时上报管理部门
6			作业用临时动能源管线、电缆架设不规范	触电、物体打击、高处坠落、其他伤害					管理人员应监督作业用临时动能源管线、电缆的架设过程,确保都符合规范

表9(续1)

序号	作业场所	安全风险因素	安全风险原因	安全风险危害	安全风险			安全风险等级	管控措施
					后果严重性等级	可能性等级	风险指数		
7	外场平台作业区	物的因素	附属起重设备、运输设备、吊索具有缺陷	起重伤害、其他伤害					管理人员应加强附属起重设备、运输设备、吊索具日常安全检查,发现问题及时上报管理部门
8			消防设施、灭火器材、职业病急救装置、安全通道、应急照明、护栏有缺陷	火灾、爆炸、物体打击、其他伤害					管理人员应加强消防设施、灭火器材、职业病急救装置、安全通道、应急照明、护栏等日常安全检查,发现问题及时上报管理部门
9			安全、职业卫生、警示标志和职业病危害因素检测结果公示有缺陷	触电、起重伤害、火灾、爆炸、物体打击、车辆伤害、职业性尘肺病及其他呼吸系统疾病、职业性耳鼻喉口腔疾病、职业性眼疾、其他伤害					管理人员应加强安全、职业卫生、警示标志日常检查,并及时将职业病危害因素检测结果如实进行公示
10			作业区、通道未实施定置管理或现场杂乱	车辆伤害、其他伤害					相关责任部门应做好车辆定置、保养,清洁
11		管理因素	1　现场未张贴现场安全管理规定和作业安全管理规定; 2　张贴的现场安全管理规定和作业安全管理规定内容存在问题	触电、起重伤害、火灾、爆炸、物体打击、车辆伤害、职业性尘肺病及其他呼吸系统疾病、职业性耳鼻喉口腔疾病、职业性眼疾、其他伤害					1　管理部门应制定符合法律法规、标准规范要求的现场安全管理规定和作业安全管理规定,并在现场张贴; 2　作业人员应加强现场安全管理规定和作业安全管理规定的培训,掌握相关内容

表9(续2)

序号	作业场所	安全风险因素	安全风险原因	安全风险危害	安全风险			安全风险等级	管控措施
					后果严重性等级	可能性等级	风险指数		
12	外场平台作业区	管理因素	1 现场无事故现场处置方案; 2 张贴的事故现场处置方案内容存在问题	触电、起重伤害、火灾、爆炸、物体打击、车辆伤害、职业性尘肺病及其他呼吸系统疾病、职业性耳鼻喉口腔疾病、职业性眼疾、其他伤害					1 管理部门应制订符合法律法规、标准规范要求的事故现场处置方案,并在现场张贴; 2 作业人员应加强事故现场处置方案培训,掌握相关内容

表 10　船台及设备安全风险因素清单

序号	作业场所	安全风险因素	安全风险原因	安全风险危害	安全风险			安全风险等级	管控措施
					后果严重性等级	可能性等级	风险指数		
1	船台及设备	人的因素	现场作业人员未穿戴劳防用品或劳防用品穿戴不规范	触电、物体打击、高处坠落、职业性尘肺病及其他呼吸系统疾病、职业性耳鼻喉口腔疾病、职业性眼疾、其他伤害					1　管理部门应为员工配备符合标准要求的劳防用品； 2　作业人员应提高安全意识，现场作业必须按要求穿戴劳防用品； 3　作业主管应加强日常监管
2			设备设施无定期检查记录或检查记录有缺陷	触电、物体打击、高处坠落、其他伤害					1　管理部门应定期检查设备设施并做好相关检查记录； 2　操作人员应做好设备设施日常检查并做好相关记录
3		物的因素	船台、滑道结构有缺陷	高处坠落、物体打击、其他伤害					相关管理部门应做好船台、滑道结构的定期监测和日常检查工作，发现隐患及时整改
4			脚手架及临时梯搭设不规范	物体打击、高处坠落					管理人员应监督脚手架及临时梯搭设过程，确保都符合规范
5			附属动能源管道及分配器、配电箱有缺陷	触电、物体打击、其他伤害					管理人员应加强附属动能源管道及分配器、配电箱日常安全检查，发现问题及时上报管理部门
6			作业用临时动能源管线、电缆架设不规范	触电、物体打击、高处坠落、其他伤害					管理人员应监督作业用临时动能源管线、电缆的架设过程，确保都符合规范

表 10(续 1)

序号	作业场所	安全风险因素	安全风险原因	安全风险危害	安全风险			安全风险等级	管控措施
					后果严重性等级	可能性等级	风险指数		
7	船台及设备	物的因素	接岸动能源管线有缺陷	火灾、爆炸、其他伤害					管理人员应加强接岸动能源管线日常安全检查,发现隐患及时上报管理部门
8			止滑器等设备有缺陷	物体打击、其他伤害					管理人员应加强止滑器等设备日常安全检查,发现隐患及时上报管理部门
9			消防设施、灭火器材、职业病急救装置、安全通道、应急照明、护栏有缺陷	火灾、爆炸、物体打击、其他伤害					管理人员应加强消防设施、灭火器材、职业病急救装置、安全通道、应急照明、护栏等日常安全检查,发现问题及时上报管理部门
10			安全、职业卫生、警示标志和职业病危害因素检测结果公示有缺陷	触电、起重伤害、火灾、爆炸、物体打击、职业性尘肺病及其他呼吸系统疾病、职业性耳鼻喉口腔疾病、职业性眼疾、其他伤害					管理人员应加强安全、职业卫生、警示标志日常检查,并及时将职业病危害因素检测结果如实进行公示
11			作业区、通道未实施定置管理或现场杂乱	车辆伤害、其他伤害					相关责任部门应做好车辆定置、保养,清洁

表10(续2)

序号	作业场所	安全风险因素	安全风险原因	安全风险危害	安全风险			安全风险等级	管控措施
					后果严重性等级	可能性等级	风险指数		
12	船台及设备	管理因素	1 现场未张贴现场安全管理规定; 2 张贴的现场安全管理规定内容存在问题	触电、起重伤害、火灾、爆炸、物体打击、职业性尘肺病及其他呼吸系统疾病、职业性耳鼻喉口腔疾病、职业性眼疾、其他伤害					1 管理部门应制定符合法律法规、标准规范要求的现场安全管理规定,并在现场张贴; 2 作业人员应加强现场安全管理规定的培训,掌握相关内容
13			1 现场无设备操作规程、无事故现场处置方案; 2 张贴的设备操作规程、事故现场处置方案内容存在问题	触电、起重伤害、火灾、爆炸、物体打击、职业性尘肺病及其他呼吸系统疾病、职业性耳鼻喉口腔疾病、职业性眼疾、其他伤害					1 应制订符合法律法规、标准规范要求的设备操作规程和事故现场处置方案,并在现场张贴; 2 作业人员应加强设备操作规程和事故现场处置方案培训,掌握相关内容
14			无运行值班、维护保养记录或记录有缺陷	触电、物体打击、火灾、其他伤害					1 管理人员应定期检查运行值班、维护保养记录; 2 作业人员应做好运行值班、维护保养记录
15			未定期测量沉降情况	坍塌、其他伤害					相关人员应定期测量沉降情况,发现问题及时上报

表 11　船坞及设备安全风险因素清单

序号	作业场所	安全风险因素	安全风险原因	安全风险危害	安全风险			安全风险等级	管控措施
					后果严重性等级	可能性等级	风险指数		
1	船坞及设备	人的因素	现场作业人员未穿戴劳防用品或劳防用品穿戴不规范	淹溺、触电、物体打击、高处坠落、其他伤害					1　管理部门应为员工配备符合标准要求的劳防用品； 2　作业人员应提高安全意识，现场作业必须按要求穿戴劳防用品； 3　作业主管应加强日常监管
2			设备设施无定期检查记录或检查记录有缺陷	触电、物体打击、高处坠落、其他伤害					1　管理部门应定期检查设备设施并做好相关检查记录； 2　操作人员应做好设备设施日常检查并做好相关记录
3		物的因素	船坞、坞门结构有缺陷	淹溺、高处坠落、物体打击、其他伤害					相关管理部门应做好船坞、坞门结构的定期监测和日常检查工作，发现隐患及时整改
4			脚手架及临时梯搭设不规范	淹溺、物体打击、高处坠落					管理人员应监督脚手架及临时梯搭设过程，确保都符合规范
5			附属动能源管道及分配器、配电箱有缺陷	触电、物体打击、其他伤害					管理人员应加强附属动能源管道及分配器、配电箱日常安全检查，发现问题及时上报管理部门
6			作业用临时动能源管线、电缆架设不规范	触电、物体打击、高处坠落、其他伤害					管理人员应监督作业用临时动能源管线、电缆的架设过程，确保都符合规范

表 11(续 1)

序号	作业场所	安全风险因素	安全风险原因	安全风险危害	安全风险			安全风险等级	管控措施
					后果严重性等级	可能性等级	风险指数		
7	船坞及设备	物的因素	接岸动能源管线有缺陷	火灾、爆炸、其他伤害					管理人员应加强接岸动能源管线日常安全检查,发现隐患及时上报管理部门
8			系泊装置、引船设备有缺陷	淹溺、物体打击、其他伤害					管理人员应加强系泊装置、引船设备日常安全检查,发现隐患及时上报管理部门
9			消防设施、灭火器材、职业病急救装置、安全通道、应急照明、护栏有缺陷	淹溺、火灾、爆炸、物体打击、其他伤害					管理人员应加强消防设施、灭火器材、职业病急救装置、安全通道、应急照明、护栏等日常安全检查,发现问题及时上报管理部门
10			安全、职业卫生、警示标志和职业病危害因素检测结果公示有缺陷	淹溺、触电、起重伤害、火灾、爆炸、物体打击、其他伤害					管理人员应加强安全、职业卫生、警示标志日常检查,并及时将职业病危害因素检测结果如实进行公示
11			作业区、通道未实施定置管理或现场杂乱	车辆伤害、其他伤害					相关责任部门应做好车辆定置、保养、清洁
12		管理因素	1　现场未张贴现场安全管理规定; 2　张贴的现场安全管理规定内容存在问题	淹溺、触电、起重伤害、火灾、爆炸、物体打击、其他伤害					1　管理部门应制定符合法律法规、标准规范要求的现场安全管理规定,并在现场张贴; 2　作业人员应加强现场安全管理规定的培训,掌握相关内容

表11(续2)

序号	作业场所	安全风险因素	安全风险原因	安全风险危害	安全风险			安全风险等级	管控措施
					后果严重性等级	可能性等级	风险指数		
13	船坞及设备	管理因素	1 现场无设备操作规程、无事故现场处置方案; 2 张贴的设备操作规程、事故现场处置方案内容存在问题	淹溺、触电、起重伤害、火灾、爆炸、物体打击、其他伤害					1 管理部门应制订符合法律法规、标准规范要求的设备操作规程和事故现场处置方案,并在现场张贴; 2 作业人员应加强设备操作规程和事故现场处置方案培训,掌握相关内容
14	船坞及设备	管理因素	无运行值班、维护保养记录或记录有缺陷	触电、物体打击、火灾、其他伤害					1 管理人员应定期检查运行值班、维护保养记录; 2 作业人员应做好运行值班、维护保养记录
15	船坞及设备	管理因素	未定期测量沉降情况	淹溺、坍塌、其他伤害					相关人员应定期测量沉降情况,发现问题及时上报

表 12　水平移船区(水平船台及移船区)及下水设施安全风险因素清单

序号	作业场所	安全风险因素	安全风险原因	安全风险危害	安全风险			安全风险等级	管控措施
					后果严重性等级	可能性等级	风险指数		
1	水平移船区（水平船台及移船区）及下水设施	人的因素	现场作业人员未穿戴劳防用品或劳防用品穿戴不规范	淹溺、触电、物体打击、高处坠落、其他伤害					1　管理部门应为员工配备符合标准要求的劳防用品； 2　作业人员应提高安全意识,现场作业必须按要求穿戴劳防用品； 3　作业主管应加强日常监管
2			设备设施无定期检查记录或检查记录有缺陷	触电、物体打击、高处坠落、其他伤害					1　管理部门应定期检查设备设施并做好相关检查记录； 2　操作人员应做好设备设施日常检查并做好相关记录
3		物的因素	船台及移船区结构有缺陷	淹溺、高处坠落、物体打击、其他伤害					相关管理部门应做好船台及移船区结构的定期监测和日常检查工作,发现隐患及时整改
4			脚手架及临时梯搭设不规范	淹溺、物体打击、高处坠落					管理人员应监督脚手架及临时梯搭设过程,确保都符合规范
5			附属动能源管道及分配器、配电箱有缺陷	触电、物体打击、其他伤害					车间管理人员应加强附属动能源管道及分配器、配电箱日常安全检查,发现问题及时上报管理部门
6			作业用临时动能源管线、电缆架设不规范	触电、物体打击、高处坠落、其他伤害					管理人员应监督作业用临时动能源管线、电缆的架设过程,确保都符合规范

表12(续1)

序号	作业场所	安全风险因素	安全风险原因	安全风险危害	安全风险			安全风险等级	管控措施
					后果严重性等级	可能性等级	风险指数		
7	水平移船区(水平船台及移船区)及下水设施	物的因素	接岸动能源管线有缺陷	火灾、爆炸、其他伤害					管理人员应加强接岸动能源管线日常安全检查,发现隐患及时上报管理部门
8			滑道有缺陷	淹溺、物体打击、其他伤害					管理人员应加滑道日常安全检查,发现隐患及时上报管理部门
9			消防设施、灭火器材、职业病急救装置、安全通道、应急照明、护栏有缺陷	淹溺、火灾、爆炸、物体打击、其他伤害					管理人员应加强消防设施、灭火器材、职业病急救装置、安全通道、应急照明、护栏等日常安全检查,发现问题及时上报管理部门
10			安全、职业卫生、警示标志和职业病危害因素检测结果公示有缺陷	淹溺、触电、起重伤害、火灾、爆炸、物体打击、其他伤害					管理人员应加强安全、职业卫生、警示标志日常检查,并及时将职业病危害因素检测结果如实进行公示
11			作业区、通道未实施定置管理或现场杂乱	车辆伤害、其他伤害					相关责任部门应做好车辆定置、保养,清洁
12		管理因素	1 现场未张贴现场安全管理规定; 2 张贴的现场安全管理规定内容存在问题	淹溺、触电、起重伤害、火灾、爆炸、物体打击、其他伤害					1 管理部门应制定符合法律法规、标准规范要求的现场安全管理规定,并在现场张贴; 2 作业人员应加强现场安全管理规定的培训,掌握相关内容

表12(续2)

序号	作业场所	安全风险因素	安全风险原因	安全风险危害	安全风险			安全风险等级	管控措施
					后果严重性等级	可能性等级	风险指数		
13	水平移船区(水平船台及移船区)及下水设施	管理因素	1　现场无设备操作规程、无事故现场处置方案; 2　张贴的设备操作规程、事故现场处置方案内容存在问题	淹溺、触电、起重伤害、火灾、爆炸、物体打击、其他伤害					1　管理部门应制订符合法律法规、标准规范要求的设备操作规程和事故现场处置方案,并在现场张贴; 2　作业人员应加强设备操作规程和事故现场处置方案培训,掌握相关内容
14			无运行值班、维护保养记录或记录有缺陷	触电、物体打击、火灾、其他伤害					1　管理人员应定期检查运行值班、维护保养记录; 2　作业人员应做好运行值班、维护保养记录
15			未定期测量沉降情况	淹溺、坍塌、其他伤害					相关人员应定期测量沉降情况,发现问题及时上报

表 13 船排(斜船架)及滑道安全风险因素清单

序号	作业场所	安全风险因素	安全风险原因	安全风险危害	安全风险			安全风险等级	管控措施
					后果严重性等级	可能性等级	风险指数		
1	船排(斜船架)及滑道	人的因素	现场作业人员未穿戴劳防用品或劳防用品穿戴不规范	淹溺、触电、物体打击、高处坠落、其他伤害					1 管理部门应为员工配备符合标准要求的劳防用品; 2 作业人员应提高安全意识,现场作业必须按要求穿戴劳防用品; 3 作业主管应加强日常监管
2			设备设施无定期检查记录或检查记录有缺陷	触电、物体打击、高处坠落、其他伤害					1 管理部门应定期检查设备设施并做好相关检查记录; 2 操作人员应做好设备设施日常检查并做好相关记录
3		物的因素	滑道结构有缺陷	淹溺、高处坠落、物体打击、其他伤害					相关管理部门应做好滑道结构的定期监测和日常检查工作,发现隐患及时整改
4			脚手架及临时梯搭设不规范	淹溺、物体打击、高处坠落					管理人员应监督脚手架及临时梯搭设过程,确保都符合规范
5			附属动能源管道及分配器、配电箱有缺陷	触电、物体打击、其他伤害					管理人员应加强附属动能源管道及分配器、配电箱日常安全检查,发现问题及时上报管理部门
6			作业用临时动能源管线、电缆架设不规范	触电、物体打击、高处坠落、其他伤害					管理人员应监督作业用临时动能源管线、电缆的架设过程,确保都符合规范

表13(续1)

序号	作业场所	安全风险因素	安全风险原因	安全风险危害	安全风险			安全风险等级	管控措施
					后果严重性等级	可能性等级	风险指数		
7	船排(斜船架)及滑道	物的因素	接岸动能源管线有缺陷	火灾、爆炸、其他伤害					管理人员应加强接岸动能源管线日常安全检查,发现隐患及时上报管理部门
8			消防设施、灭火器材、职业病急救装置、安全通道、应急照明、护栏有缺陷	淹溺、火灾、爆炸、物体打击、其他伤害					管理人员应加强消防设施、灭火器材、职业病急救装置、安全通道、应急照明、护栏等日常安全检查,发现问题及时上报管理部门
9			安全、职业卫生、警示标志和职业病危害因素检测结果公示有缺陷	淹溺、触电、起重伤害、火灾、爆炸、物体打击、其他伤害					管理人员应加强安全、职业卫生、警示标志日常检查,并及时将职业病危害因素检测结果如实进行公示
10			作业区、通道未实施定置管理或现场杂乱	车辆伤害、其他伤害					相关责任部门应做好车辆定置、保养,清洁
11			1　现场未张贴现场安全管理规定; 2　张贴的现场安全管理规定内容存在问题	淹溺、触电、起重伤害、火灾、爆炸、物体打击、其他伤害					1　管理部门应制定符合法律法规、标准规范要求的现场安全管理规定,并在现场张贴; 2　作业人员应加强现场安全管理规定的培训,掌握相关内容

表13(续2)

序号	作业场所	安全风险因素	安全风险原因	安全风险危害	安全风险			安全风险等级	管控措施
					后果严重性等级	可能性等级	风险指数		
12	船排(斜船架)及滑道	管理因素	1 现场无设备操作规程、无事故现场处置方案; 2 张贴的设备操作规程、事故现场处置方案内容存在问题	淹溺、触电、起重伤害、火灾、爆炸、物体打击、其他伤害					1 管理部门应制订符合法律法规、标准规范要求的设备操作规程和事故现场处置方案,并在现场张贴; 2 作业人员应加强设备操作规程和事故现场处置方案培训,掌握相关内容
13			无运行值班、维护保养记录或记录有缺陷	触电、物体打击、火灾、其他伤害					1 管理人员应定期检查运行值班、维护保养记录; 2 作业人员应做好运行值班、维护保养记录
14			未定期测量沉降情况	淹溺、坍塌、其他伤害					相关人员应定期测量沉降情况,发现问题及时上报

表 14　半潜驳下水设备安全风险因素清单

序号	作业场所	安全风险因素	安全风险原因	安全风险危害	安全风险			安全风险等级	管控措施
					后果严重性等级	可能性等级	风险指数		
1	半潜驳下水设备	人的因素	现场作业人员未穿戴劳防用品或劳防用品穿戴不规范	淹溺、触电、物体打击、高处坠落、其他伤害					1　管理部门应为员工配备符合标准要求的劳防用品； 2　作业人员应提高安全意识，现场作业必须按要求穿戴劳防用品； 3　作业主管应加强日常监管
2			设备设施无定期检查记录或检查记录有缺陷	触电、物体打击、高处坠落、其他伤害					1　管理部门应定期检查设备设施并做好相关检查记录； 2　操作人员应做好设备设施日常检查并做好相关记录
3		物的因素	半潜驳结构有缺陷	淹溺、高处坠落、物体打击、其他伤害					相关管理部门应做好半潜驳结构的定期监测和日常检查工作，发现隐患及时整改
4			附属动能源管道及分配器、配电箱有缺陷	触电、物体打击、其他伤害					车间管理人员应加强附属动能源管道及分配器、配电箱日常安全检查，发现问题及时上报管理部门
5			接岸动能源管线有缺陷	火灾、爆炸、其他伤害					管理人员应加强接岸动能源管线日常安全检查，发现隐患及时上报管理部门
6			滑道有缺陷	淹溺、物体打击、其他伤害					管理人员应强加滑道日常安全检查，发现隐患及时上报管理部门

表 14(续 1)

序号	作业场所	安全风险因素	安全风险原因	安全风险危害	安全风险			安全风险等级	管控措施
					后果严重性等级	可能性等级	风险指数		
7	半潜驳下水设备	物的因素	消防设施、灭火器材、职业病急救装置、安全通道、应急照明、护栏有缺陷	淹溺、火灾、爆炸、物体打击、其他伤害					管理人员应加强消防设施、灭火器材、职业病急救装置、安全通道、应急照明、护栏等日常安全检查,发现问题及时上报管理部门
8			安全、职业卫生、警示标志和职业病危害因素检测结果公示有缺陷	淹溺、触电、起重伤害、火灾、爆炸、物体打击、其他伤害					管理人员应加强安全、职业卫生、警示标志日常检查,并及时将职业病危害因素检测结果如实进行公示
9			作业区、通道未实施定置管理或现场杂乱	车辆伤害、其他伤害					相关责任部门应做好车辆定置、保养、清洁
10		管理因素	1　现场未张贴现场安全管理规定; 2　张贴的现场安全管理规定内容存在问题	淹溺、触电、起重伤害、火灾、爆炸、物体打击、其他伤害					1　管理部门应制定符合法律法规、标准规范要求的现场安全管理规定,并在现场张贴; 2　作业人员应加强现场安全管理规定的培训,掌握相关内容
11			1　现场无设备操作规程、无事故现场处置方案; 2　张贴的设备操作规程、事故现场处置方案内容存在问题	淹溺、触电、起重伤害、火灾、爆炸、物体打击、其他伤害					1　管理部门应制订符合法律法规、标准规范要求的设备操作规程和事故现场处置方案,并在现场张贴; 2　作业人员应加强设备操作规程和事故现场处置方案培训,掌握相关内容

表 14（续 2）

序号	作业场所	安全风险因素	安全风险原因	安全风险危害	安全风险			安全风险等级	管控措施
					后果严重性等级	可能性等级	风险指数		
12	半潜驳下水设备	管理因素	无运行值班、维护保养记录或记录有缺陷	触电、物体打击、火灾、其他伤害					1　管理人员应定期检查运行值班、维护保养记录； 2　作业人员应做好运行值班、维护保养记录

表 15　气囊下水场地及设备安全风险因素清单

序号	作业场所	安全风险因素	安全风险原因	安全风险危害	安全风险			安全风险等级	管控措施
					后果严重性等级	可能性等级	风险指数		
1	气囊下水场地及设备	人的因素	现场作业人员未穿戴劳防用品或劳防用品穿戴不规范	淹溺、物体打击、其他伤害					1　管理部门应为员工配备符合标准要求的劳防用品； 2　作业人员应提高安全意识，现场作业必须按要求穿戴劳防用品； 3　作业主管应加强日常监管
2			设备设施无定期检查记录或检查记录有缺陷	物体打击、其他伤害					1　管理部门应定期检查设备设施并做好相关检查记录； 2　操作人员应做好设备设施日常检查并做好相关记录
3		物的因素	气囊有明显缺陷或保存不善	淹溺、其他伤害					相关管理部门应做好气囊的定期监测和日常检查工作，发现隐患及时整改
4			气囊嘴无安全阀或安全阀失效	触电、物体打击、其他伤害					管理人员应加强气囊嘴安全阀日常安全检查，发现安全阀失效应及时更换
5			下水用引船设备有缺陷	其他伤害					管理人员应加强下水用引船设备日常安全检查，发现隐患及时上报管理部门
6			消防设施、灭火器材、职业病急救装置、安全通道、应急照明、护栏有缺陷	淹溺、火灾、物体打击、其他伤害					管理人员应加强消防设施、灭火器材、职业病急救装置、安全通道、应急照明、护栏等日常安全检查，发现问题及时上报管理部门

表15(续1)

序号	作业场所	安全风险因素	安全风险原因	安全风险危害	安全风险			安全风险等级	管控措施
					后果严重性等级	可能性等级	风险指数		
7	气囊下水场地及设备	物的因素	安全、警示标志有缺陷	淹溺、触电、火灾、物体打击、其他伤害					管理人员应加强安全、职业卫生、警示标志日常检查,并及时将职业病危害因素检测结果如实进行公示
8			作业区、通道未实施定置管理或现场杂乱	车辆伤害、其他伤害					相关责任部门应做好车辆定置、保养,清洁
9		管理因素	1　现场未张贴现场安全管理规定; 2　张贴的现场安全管理规定内容存在问题	淹溺、触电、火灾、物体打击、其他伤害					1　管理部门应制定符合法律法规、标准规范要求的现场安全管理规定,并在现场张贴; 2　作业人员应加强现场安全管理规定的培训,掌握相关内容
10			1　现场无事故现场处置方案; 2　张贴的事故现场处置方案内容存在问题	淹溺、触电、起重伤害、火灾、物体打击、其他伤害					1　管理部门应制订符合法律法规、标准规范要求的事故现场处置方案,并在现场张贴; 2　作业人员应当加事故现场处置方案培训,掌握相关内容
11			气囊相关证书(产品合格证、使用维护说明书等)不全	淹溺、火灾、物体打击、其他伤害					管理部门应采购产品合格证、使用维护说明书等相关证书齐全的气囊,并做好相关证书归档工作

表 15(续 2)

序号	作业场所	安全风险因素	安全风险原因	安全风险危害	安全风险			安全风险等级	管控措施
					后果严重性等级	可能性等级	风险指数		
12	气囊下水场地及设备	管理因素	气囊标识(产品名称、形式、规格、产品编号、工作压力、质量、制造厂名称、出厂日期)不全	淹溺、火灾、物体打击、其他伤害					1 设备管理部门应采购合格的、标识齐全的气囊; 2 作业人员在作业过程中应保护气囊的各类标识
13			气囊下水场地未固化	淹溺、其他伤害					作业部门应固化气囊下水场地,避免作业人员因不熟悉下水场地情况而发生安全生产事故

表 16 浮船坞安全风险因素清单

序号	作业场所	安全风险因素	安全风险原因	安全风险危害	安全风险			安全风险等级	管控措施
					后果严重性等级	可能性等级	风险指数		
1	浮船坞	人的因素	1 须持证作业的操作人员无证操作或证书已过期; 2 作业人员存在职业禁忌证	淹溺、其他伤害					教育培训管理部门应组织须取证的设备操作人员参加取证培训,并确保证书在有效期内
2	浮船坞	人的因素	现场作业人员未穿戴劳防用品或劳防用品穿戴不规范	淹溺、触电、物体打击、高处坠落、其他伤害					1 管理部门应为员工配备符合标准要求的劳防用品; 2 作业人员应提高安全意识,现场作业必须按要求穿戴劳防用品; 3 作业主管应加强日常监管
3	浮船坞	物的因素	设备设施无定期检查记录或检查记录有缺陷	触电、物体打击、高处坠落、其他伤害					1 管理部门应定期检查设备设施并做好相关检查记录; 2 操作人员应做好设备设施日常检查并做好相关记录
4	浮船坞	物的因素	控制、锚泊、系泊、辅机、电气、起重、吊索具等设备有缺陷	淹溺、起重伤害、高处坠落、物体打击、其他伤害					相关管理部门应做好控制、锚泊、系泊、辅机、电气、起重、吊索具等设备的定期监测和日常检查工作,发现隐患及时整改
5	浮船坞	物的因素	脚手架及临时梯搭设不规范	淹溺、物体打击、高处坠落、其他伤害					管理人员应监督脚手架及临时梯搭设过程,确保都符合规范
6	浮船坞	物的因素	附属动能源管道及分配器、配电箱有缺陷	触电、物体打击、其他伤害					管理人员应加强附属动能源管道及分配器、配电箱日常安全检查,发现问题及时上报管理部门

表16(续1)

序号	作业场所	安全风险因素	安全风险原因	安全风险危害	安全风险			安全风险等级	管控措施
					后果严重性等级	可能性等级	风险指数		
7	浮船坞	物的因素	接岸电装置有缺陷	触电、其他伤害					管理人员应加强接岸动能源管线日常安全检查,发现隐患及时上报管理部门
8			系泊装置、引船设备有缺陷	淹溺、物体打击、其他伤害					管理人员应加强系泊装置、引船设备日常安全检查,发现隐患及时上报管理部门
9			消防设施、灭火器材、职业病急救装置、安全通道、应急照明、护栏有缺陷	淹溺、火灾、爆炸、物体打击、其他伤害					管理人员应加强消防设施、灭火器材、职业病急救装置、安全通道、应急照明、护栏等日常安全检查,发现问题及时上报管理部门
10			安全、警示标志有缺陷	淹溺、触电、起重伤害、火灾、爆炸、物体打击、其他伤害					管理人员应加强安全、警示标志日常检查
11			作业用临时动能源管线、电缆架设不规范	触电、物体打击、高处坠落、其他伤害					管理人员应监督作业用临时动能源管线、电缆的架设过程,确保都符合规范
12			抬船甲板作业区、坞墙通道未实施定置管理或现场杂乱	淹溺、火灾、爆炸、物体打击、其他伤害					相关责任部门应做好设备定置、保养,清洁

表16(续2)

序号	作业场所	安全风险因素	安全风险原因	安全风险危害	安全风险			安全风险等级	管控措施
					后果严重性等级	可能性等级	风险指数		
13	浮船坞	管理因素	1　现场未张贴现场安全管理规定； 2　张贴的现场安全管理规定内容存在问题 3　集控室、泵舱间、机舱间等舱室无安全管理规定	淹溺、触电、起重伤害、爆炸、物体打击、其他伤害					1　管理部门应制定符合法律法规、标准规范要求的现场安全管理规定，并在现场张贴； 2　作业人员应加强现场安全管理规定的培训，掌握相关内容
14			1　现场无设备操作规程、无事故现场处置方案； 2　张贴的设备操作规程、事故现场处置方案内容存在问题	淹溺、触电、起重伤害、爆炸、物体打击、其他伤害					1　管理部门应制订符合法律法规、标准规范要求的设备操作规程和事故现场处置方案，并在现场张贴； 2　作业人员应加强设备操作规程和事故现场处置方案培训，掌握相关内容
15			无运行值班、维护保养记录或记录有缺陷	淹溺、触电、物体打击、其他伤害					1　管理人员应定期检查运行值班、维护保养记录； 2　作业人员应做好运行值班、维护保养记录
16			无船检部门检验合格颁发的相关证书	淹溺、其他伤害					相关管理部门应确保取得船检部门检验合格证书，方可将浮船坞投入使用

表 17　舾装/修船码头及设备安全风险因素清单

序号	作业场所	安全风险因素	安全风险原因	安全风险危害	安全风险			安全风险等级	管控措施
					后果严重性等级	可能性等级	风险指数		
1	舾装/修船码头及设备	人的因素	现场作业人员未穿戴劳防用品或劳防用品穿戴不规范	淹溺、触电、物体打击、高处坠落、其他伤害					1　管理部门应为员工配备符合标准要求的劳防用品; 2　作业人员应提高安全意识,现场作业必须按要求穿戴劳防用品; 3　作业主管应加强日常监管
2			设备设施无定期检查记录或检查记录有缺陷	触电、物体打击、高处坠落、其他伤害					1　管理部门应定期检查设备设施并做好相关检查记录; 2　操作人员应做好设备设施日常检查并做好相关记录
3		物的因素	附属动能源管道及分配器、配电箱有缺陷	触电、物体打击、其他伤害					管理人员应加强附属动能源管道及分配器、配电箱日常安全检查,发现问题及时上报管理部门
4			作业用临时动能源管线、电缆架设不规范	触电、物体打击、高处坠落、其他伤害					管理人员应监督作业用临时动能源管线、电缆的架设过程,确保都符合规范
5			接岸动能源管线有缺陷	火灾、爆炸、其他伤害					管理人员应加强接岸动能源管线日常安全检查,发现隐患及时上报管理部门
6			带缆桩周围 1 m 范围内堆物	淹溺、其他伤害					管理人员应加强日常安全检查,确保带缆桩周围 1 m 范围内无堆物

表 17(续 1)

序号	作业场所	安全风险因素	安全风险原因	安全风险危害	安全风险			安全风险等级	管控措施
					后果严重性等级	可能性等级	风险指数		
7	舾装/修船码头及设备	物的因素	风暴桩、带缆桩安全负荷标志不清	淹溺、其他伤害					管理人员应加强日常安全检查,确保风暴桩、带缆桩安全负荷标示清晰
8			码头与船舶之间的过船梯、桥设置不可靠、防护有缺陷	淹溺、其他伤害					管理人员应加强日常安全检查,确保码头与船舶之间的过船梯、桥设置可靠、防护有效
9			消防设施、救生装置、安全通道、护栏、靠垫等有缺陷	淹溺、火灾、爆炸、物体打击、其他伤害					管理人员应加强消防设施、灭火器材、职业病急救装置、安全通道、应急照明、护栏等日常安全检查,发现问题及时上报管理部门
10			安全、警示标志有缺陷	淹溺、触电、起重伤害、火灾、爆炸、物体打击、其他伤害					管理人员应加强安全、职业卫生、警示标志日常检查,并及时将职业病危害因素检测结果如实进行公示
11			未实施定置管理或现场杂乱	车辆伤害、其他伤害					相关责任部门应做好车辆定置、保养,清洁
12		管理因素	1　现场未张贴现场安全管理规定; 2　张贴的现场安全管理规定内容存在问题	淹溺、触电、起重伤害、火灾、爆炸、物体打击、其他伤害					1　管理部门应制定符合法律法规、标准规范要求的现场安全管理规定,并在现场张贴; 2　作业人员应加强现场安全管理规定的培训,掌握相关内容

表17(续2)

序号	作业场所	安全风险因素	安全风险原因	安全风险危害	安全风险			安全风险等级	管控措施
					后果严重性等级	可能性等级	风险指数		
13	舾装/修船码头及设备	管理因素	1　现场无事故现场处置方案; 2　张贴的事故现场处置方案内容存在问题	淹溺、触电、起重伤害、火灾、爆炸、物体打击、其他伤害					1　管理部门应制订符合法律法规、标准规范要求的事故现场处置方案,并在现场张贴; 2　作业人员应加强事故现场处置方案培训,掌握相关内容
14			未定期测量沉降情况	淹溺、坍塌、其他伤害					相关人员应定期测量沉降情况,发现问题及时上报

表 18 材料码头及设备安全风险因素清单

序号	作业场所	安全风险因素	安全风险原因	安全风险危害	安全风险			安全风险等级	管控措施
					后果严重性等级	可能性等级	风险指数		
1	材料码头及设备	人的因素	现场作业人员未穿戴劳防用品或劳防用品穿戴不规范	淹溺、触电、物体打击、高处坠落、其他伤害					1 管理部门应为员工配备符合标准要求的劳防用品; 2 作业人员应提高安全意识,现场作业必须按要求穿戴劳防用品; 3 作业主管应加强日常监管
2			设备设施无定期检查记录或检查记录有缺陷	触电、物体打击、高处坠落、其他伤害					1 管理部门应定期检查设备设施并做好相关检查记录; 2 操作人员应做好设备设施日常检查并做好相关记录
3		物的因素	带缆桩周围 1 m 范围内堆物	淹溺、其他伤害					管理人员应加强日常安全检查,确保带缆桩周围 1 m 范围内无堆物
4			风暴桩、带缆桩安全负荷标志不清	淹溺、其他伤害					管理人员应加强日常安全检查,确保风暴桩、带缆桩安全负荷标志清晰
5			码头与船舶之间的过船梯、桥设置不可靠、防护有缺陷	淹溺、其他伤害					管理人员应加强日常安全检查,确保码头与船舶之间的过船梯、桥设置可靠、防护有效
6			消防设施、救生装置、安全通道、护栏、靠垫等有缺陷	淹溺、火灾、爆炸、物体打击、其他伤害					管理人员应加强消防设施、灭火器材、职业病急救装置、安全通道、应急照明、护栏等日常安全检查,发现问题及时上报管理部门

表18(续)

序号	作业场所	安全风险因素	安全风险原因	安全风险危害	安全风险			安全风险等级	管控措施
					后果严重性等级	可能性等级	风险指数		
7	材料码头及设备	物的因素	安全、警示标志有缺陷	淹溺、触电、起重伤害、火灾、爆炸、物体打击、其他伤害					管理人员应加强安全、职业卫生、警示标志日常检查,并及时将职业病危害因素检测结果如实进行公示
8			未实施定置管理或现场杂乱	车辆伤害、其他伤害					相关责任部门应做好车辆定置、保养,清洁
9		管理因素	1 现场未张贴现场安全管理规定; 2 张贴的现场安全管理规定内容存在问题	淹溺、触电、起重伤害、火灾、爆炸、物体打击、其他伤害					1 管理部门应制定符合法律法规、标准规范要求的现场安全管理规定,并在现场张贴; 2 作业人员应加强现场安全管理规定的培训,掌握相关内容
10			1 现场无事故现场处置方案; 2 张贴的事故现场处置方案内容存在问题	淹溺、触电、起重伤害、火灾、爆炸、物体打击、其他伤害					1 管理部门应制订符合法律法规、标准规范要求的事故现场处置方案,并在现场张贴; 2 作业人员应加强事故现场处置方案培训,掌握相关内容
11			未定期测量沉降情况	淹溺、坍塌、其他伤害					相关人员应定期测量沉降情况,发现问题及时上报

表19 趸船及栈道安全风险因素清单

序号	作业场所	安全风险因素	安全风险原因	安全风险危害	安全风险			安全风险等级	管控措施
					后果严重性等级	可能性等级	风险指数		
1	趸船及栈道	人的因素	现场作业人员未穿戴劳防用品或劳防用品穿戴不规范	淹溺、物体打击、高处坠落、其他伤害					1 管理部门应为员工配备符合标准要求的劳防用品； 2 作业人员应提高安全意识，现场作业必须按要求穿戴劳防用品； 3 作业主管应加强日常监管
2			设备设施无定期检查记录或检查记录有缺陷	触电、物体打击、高处坠落、其他伤害					1 管理部门应定期检查设备设施并做好相关检查记录； 2 操作人员应做好设备设施日常检查并做好相关记录
3		物的因素	附属动能源管道及分配器、配电箱有缺陷	触电、物体打击、其他伤害					管理人员应加强附属动能源管道及分配器、配电箱日常安全检查，发现问题及时上报管理部门
4			接岸动能源管线有缺陷	火灾、爆炸、其他伤害					管理人员应加强接岸动能源管线日常安全检查，发现隐患及时上报管理部门
5			带缆桩安全负荷标志不清	淹溺、其他伤害					管理人员应加强日常安全检查，确保带缆桩安全负荷标志清晰
6			趸船与船舶之间的过船梯、桥设置不可靠、防护有缺陷	淹溺、其他伤害					管理人员应加强日常安全检查，确保码头与船舶之间的过船梯、桥设置可靠、防护有效

表19(续)

序号	作业场所	安全风险因素	安全风险原因	安全风险危害	安全风险			安全风险等级	管控措施
					后果严重性等级	可能性等级	风险指数		
7	趸船及栈道	物的因素	栈道无承重标志	淹溺、其他伤害					管理人员应加强日常安全检查,确保栈道承重标志清晰、完整
8			消防设施、救生装置、安全通道、护栏、靠垫等有缺陷	淹溺、火灾、爆炸、物体打击、其他伤害					管理人员应加强消防设施、灭火器材、职业病急救装置、安全通道、应急照明、护栏等日常安全检查,发现问题及时上报管理部门
9			安全、警示标志有缺陷	淹溺、触电、火灾、爆炸、物体打击、其他伤害					管理人员应加强安全、职业卫生、警示标志日常检查,并及时将职业病危害因素检测结果如实进行公示
10			未实施定置管理或现场杂乱	车辆伤害、其他伤害					相关责任部门应做好车辆定置、保养,清洁
11		管理因素	1 现场未张贴现场安全管理规定; 2 张贴的现场安全管理规定内容存在问题	淹溺、触电、火灾、爆炸、物体打击、其他伤害					1 管理部门应制定符合法律法规、标准规范要求的现场安全管理规定,并在现场张贴; 2 作业人员应加强现场安全管理规定的培训,掌握相关内容
12			1 现场无事故现场处置方案; 2 张贴的事故现场处置方案内容存在问题	淹溺、触电、火灾、爆炸、物体打击、其他伤害					1 管理部门应制订符合法律法规、标准规范要求的事故现场处置方案,并在现场张贴; 2 作业人员应加强事故现场处置方案培训,掌握相关内容

表 20　港池或作业水域及设备安全风险因素清单

序号	作业场所	安全风险因素	安全风险原因	安全风险危害	安全风险			安全风险等级	管控措施
					后果严重性等级	可能性等级	风险指数		
1	港池或作业水域及设备	物的因素	系泊浮筒失效	淹溺、其他伤害					管理人员应加强系泊浮筒日常安全检查，发现问题及时上报管理部门
2			消防设施、救生装置、安全通道、护栏、靠垫等有缺陷	淹溺、其他伤害					管理人员应加强消防设施、灭火器材、安全通道、护栏等日常安全检查，发现问题及时上报管理部门
3			安全、警示标志有缺陷	淹溺、其他伤害					管理人员应加强安全、警示标志日常检查
4			水域内有未清理弃置物	淹溺、其他伤害					相关责任部门应做好水域内弃置物的清理工作
5		管理因素	1　现场未张贴现场安全管理规定； 2　张贴的现场安全管理规定内容存在问题	淹溺、其他伤害					1　管理部门应制定符合法律法规、标准规范要求的现场安全管理规定，并在现场张贴； 2　作业人员应加强现场安全管理规定的培训，掌握相关内容
6			1　现场无事故现场处置方案； 2　张贴的事故现场处置方案内容存在问题	淹溺、其他伤害					1　管理部门应制订符合法律法规、标准规范要求的事故现场处置方案，并在现场张贴； 2　作业人员应加强事故现场处置方案培训，掌握相关内容

表21　机舱作业区安全风险因素清单

序号	作业场所	安全风险因素	安全风险原因	安全风险危害	安全风险			安全风险等级	管控措施
					后果严重性等级	可能性等级	风险指数		
1	机舱作业区	人的因素	现场作业人员未穿戴劳防用品或劳防用品穿戴不规范	触电、物体打击、高处坠落、职业性尘肺病及其他呼吸系统疾病、职业性耳鼻喉口腔疾病、职业性眼疾、其他伤害					1　管理部门应为员工配备符合标准要求的劳防用品； 2　作业人员应提高安全意识，现场作业必须按要求穿戴劳防用品； 3　作业主管应加强日常监管
2			作业现场安全和职业卫生防护措施不到位	火灾、爆炸、物体打击、高处坠落、职业性尘肺病及其他呼吸系统疾病、职业性耳鼻喉口腔疾病、职业性眼疾、其他伤害					现场管理人员应加强现场安全和职业卫生防护措施等日常安全检查，发现问题及时上报管理部门
3		物的因素	作业现场照明、应急逃生指示照明不到位	物体打击、高处坠落、其他伤害					现场管理人员应加强现场照明、应急逃生指示照明等日常安全检查，发现问题及时上报管理部门
4			作业现场通道不畅	其他伤害					现场管理人员应加强现场通道日常安全检查和维护，发现问题及时上报管理部门
5			作业现场吸烟或有烟头	火灾、爆炸、其他伤害					现场管理人员应加强作业人员吸烟管控

表21(续1)

序号	作业场所	安全风险因素	安全风险原因	安全风险危害	安全风险			安全风险等级	管控措施
					后果严重性等级	可能性等级	风险指数		
6	机舱作业区	物的因素	动能源管拉设、电缆架设不符合要求	触电、物体打击、高处坠落、其他伤害					现场管理人员应加强动能源管拉设、电缆架设日常安全检查,发现问题及时上报管理部门
7			脚手架及临时梯搭设不规范	物体打击、高处坠落、其他伤害					现场管理人员应监督脚手架及临时梯搭设过程,确保都符合规范
8			安全、警示标志有缺陷	触电、火灾、爆炸、物体打击、其他伤害					现场管理人员应加强安全、警示标志日常检查
9		管理因素	1　现场未张贴现场安全管理规定; 2　张贴的现场安全管理规定内容存在问题	火灾、爆炸、物体打击、其他伤害					1　管理部门应制定符合法律法规、标准规范要求的现场安全管理规定,并在现场张贴; 2　作业人员应加强现场安全管理规定的培训,掌握相关内容
10			1　现场无事故现场处置方案; 2　张贴的事故现场处置方案内容存在问题	火灾、爆炸、物体打击、其他伤害					1　管理部门应制订符合法律法规、标准规范要求的事故现场处置方案,并在现场张贴; 2　作业人员应加强事故现场处置方案培训,掌握相关内容

表21(续2)

序号	作业场所	安全风险因素	安全风险原因	安全风险危害	安全风险			安全风险等级	管控措施
					后果严重性等级	可能性等级	风险指数		
11	机舱作业区	管理因素	明火等危险作业无监护人或监护设备不完善	火灾、爆炸、窒息					作业部门应加强明火等危险作业现场监护,并且监护人员不能擅自离岗
12	机舱作业区	管理因素	作业现场防火措施落实不到位,未配备消防器材或消防器材配备不足	火灾、爆炸					作业部门应加强现场作业安全管理,严格落实作业现场防火措施,并配备足量的消防器材

表 22　上层建筑及舱室作业区安全风险因素清单

序号	作业场所	安全风险因素	安全风险原因	安全风险危害	安全风险			安全风险等级	管控措施
					后果严重性等级	可能性等级	风险指数		
1	上层建筑及舱室作业区	人的因素	现场作业人员未穿戴劳防用品或劳防用品穿戴不规范	触电、物体打击、高处坠落、职业性尘肺病及其他呼吸系统疾病、职业性耳鼻喉口腔疾病、职业性眼疾、其他伤害					1　管理部门应为员工配备符合标准要求的劳防用品； 2　作业人员应提高安全意识，现场作业必须按要求穿戴劳防用品； 3　作业主管应加强日常监管
2		物的因素	作业现场安全和职业卫生防护措施不到位	火灾、爆炸、物体打击、高处坠落、职业性尘肺病及其他呼吸系统疾病、职业性耳鼻喉口腔疾病、职业性眼疾、其他伤害					现场管理人员应加强现场安全和职业卫生防护措施等日常安全检查，发现问题及时上报管理部门
3			作业现场照明、应急逃生指示照明不到位	物体打击、高处坠落、其他伤害					现场管理人员应加强现场照明、应急逃生指示照明等日常安全检查，发现问题及时上报管理部门
4			作业现场通道不畅	车辆伤害、其他伤害					现场管理人员应加强现场通道日常安全检查和维护，发现问题及时上报管理部门
5			作业现场吸烟或有烟头	火灾、爆炸、其他伤害					现场管理人员应加强作业人员吸烟管控
6			动能源管拉设、电缆架设不符合要求	触电、物体打击、高处坠落、其他伤害					现场管理人员应加强动能源管拉设、电缆架设日常安全检查，发现问题及时上报管理部门

表22(续)

序号	作业场所	安全风险因素	安全风险原因	安全风险危害	安全风险			安全风险等级	管控措施
					后果严重性等级	可能性等级	风险指数		
7	上层建筑及舱室作业区	物的因素	脚手架及临时梯搭设不规范	物体打击、高处坠落、其他伤害					现场管理人员应监督脚手架及临时梯搭设过程,确保都符合规范
8	上层建筑及舱室作业区	物的因素	安全、警示标志有缺陷	触电、火灾、爆炸、物体打击、其他伤害					现场管理人员应加强安全、警示标志日常检查
9	上层建筑及舱室作业区	管理因素	1 现场未张贴现场安全管理规定; 2 张贴的现场安全管理规定内容存在问题	火灾、爆炸、物体打击、其他伤害					1 管理部门应制定符合法律法规、标准规范要求的现场安全管理规定,并在现场张贴; 2 作业人员应加强现场安全管理规定的培训,掌握相关内容
10	上层建筑及舱室作业区	管理因素	1 现场无事故现场处置方案; 2 张贴的事故现场处置方案内容存在问题	火灾、爆炸、物体打击、其他伤害					1 管理部门应制订符合法律法规、标准规范要求的事故现场处置方案,并在现场张贴; 2 作业人员应加强事故现场处置方案培训,掌握相关内容
11	上层建筑及舱室作业区	管理因素	明火等危险作业无监护人或监护设备不完善	火灾、爆炸、窒息					作业部门应加强明火等危险作业现场监护,并且监护人员不能擅自离岗
12	上层建筑及舱室作业区	管理因素	作业现场防火措施落实不到位,未配备消防器材或消防器材配备不足	火灾、爆炸					作业部门应加强现场作业安全管理,严格落实作业现场防火措施,并配备足量的消防器材

表 23　货舱作业区安全风险因素清单

序号	作业场所	安全风险因素	安全风险原因	安全风险危害	安全风险			安全风险等级	管控措施
					后果严重性等级	可能性等级	风险指数		
1	货舱作业区	人的因素	现场作业人员未穿戴劳防用品或劳防用品穿戴不规范	触电、物体打击、高处坠落、职业性尘肺病及其他呼吸系统疾病、职业性耳鼻喉口腔疾病、职业性眼疾、其他伤害					1　管理部门应为员工配备符合标准要求的劳防用品； 2　作业人员应提高安全意识，现场作业必须按要求穿戴劳防用品； 3　作业主管应加强日常监管
2			作业现场安全和职业卫生防护措施不到位	火灾、爆炸、物体打击、高处坠落、职业性尘肺病及其他呼吸系统疾病、职业性耳鼻喉口腔疾病、职业性眼疾、其他伤害					现场管理人员应加强现场安全和职业卫生防护措施等日常安全检查，发现问题及时上报管理部门
3		物的因素	作业现场照明、应急逃生指示照明不到位	物体打击、高处坠落、其他伤害					现场管理人员应加强现场照明、应急逃生指示照明等日常安全检查，发现问题及时上报管理部门
4			作业现场通道不畅	车辆伤害、其他伤害					现场管理人员应加强现场通道日常安全检查和维护，发现问题及时上报管理部门
5			作业现场吸烟或有烟头	火灾、爆炸、其他伤害					现场管理人员应加强作业人员吸烟管控
6			动能源管拉设、电缆架设不符合要求	触电、物体打击、高处坠落、其他伤害					现场管理人员应加强动能源管拉设、电缆架设日常安全检查，发现问题及时上报管理部门

表 23(续)

序号	作业场所	安全风险因素	安全风险原因	安全风险危害	安全风险			安全风险等级	管控措施
					后果严重性等级	可能性等级	风险指数		
7	货舱作业区	物的因素	脚手架及临时梯搭设不规范	物体打击、高处坠落、其他伤害					现场管理人员应监督脚手架及临时梯搭设过程,确保都符合规范
8			安全、警示标志有缺陷	触电、火灾、爆炸、物体打击、其他伤害					现场管理人员应加强安全、警示标志日常检查
9			1 现场未张贴现场安全管理规定; 2 张贴的现场安全管理规定内容存在问题	火灾、爆炸、物体打击、其他伤害					1 管理部门应制定符合法律法规、标准规范要求的现场安全管理规定,并在现场张贴; 2 作业人员应加强现场安全管理规定的培训,掌握相关内容
10		管理因素	1 现场无事故现场处置方案; 2 张贴的事故现场处置方案内容存在问题	火灾、爆炸、物体打击、其他伤害					1 管理部门应制订符合法律法规、标准规范要求的事故现场处置方案,并在现场张贴; 2 作业人员应加强事故现场处置方案培训,掌握相关内容
11			明火等危险作业无监护人或监护设备不完善	火灾、爆炸、窒息					作业部门应加明强火等危险作业现场监护,并且监护人员不能擅自离岗
12			作业现场防火措施落实不到位,未配备消防器材或消防器材配备不足	火灾、爆炸					作业部门应加强现场作业安全管理,严格落实作业现场防火措施,并配备足量的消防器材

表 24　甲板作业区安全风险因素清单

序号	作业场所	安全风险因素	安全风险原因	安全风险危害	安全风险			安全风险等级	管控措施
					后果严重性等级	可能性等级	风险指数		
1	甲板作业区	人的因素	现场作业人员未穿戴劳防用品或劳防用品穿戴不规范	触电、物体打击、高处坠落、职业性尘肺病及其他呼吸系统疾病、职业性耳鼻喉口腔疾病、职业性眼疾、其他伤害					1　管理部门应为员工配备符合标准要求的劳防用品； 2　作业人员应提高安全意识，现场作业必须按要求穿戴劳防用品； 3　作业主管应加强日常监管
2	甲板作业区	人的因素	作业现场安全和职业卫生防护措施不到位	火灾、爆炸、物体打击、高处坠落、职业性尘肺病及其他呼吸系统疾病、职业性耳鼻喉口腔疾病、职业性眼疾、其他伤害					现场管理人员应加强现场安全和职业卫生防护措施等日常安全检查，发现问题及时上报管理部门
3	甲板作业区	物的因素	作业现场照明、应急逃生指示照明不到位	物体打击、高处坠落、其他伤害					现场管理人员应加强现场照明、应急逃生指示照明等日常安全检查，发现问题及时上报管理部门
4	甲板作业区	物的因素	作业现场通道不畅	车辆伤害、其他伤害					现场管理人员应加强现场通道日常安全检查和维护，发现问题及时上报管理部门
5	甲板作业区	物的因素	作业现场吸烟或有烟头	火灾、爆炸、其他伤害					现场管理人员应加强作业人员吸烟管控
6	甲板作业区	物的因素	动能源管拉设、电缆架设不符合要求	触电、物体打击、高处坠落、其他伤害					现场管理人员应加强动能源管拉设、电缆架设日常安全检查，发现问题及时上报管理部门

表 24(续)

序号	作业场所	安全风险因素	安全风险原因	安全风险危害	安全风险			安全风险等级	管控措施
					后果严重性等级	可能性等级	风险指数		
7	甲板作业区	物的因素	脚手架及临时梯搭设不规范	物体打击、高处坠落、其他伤害					现场管理人员应监督脚手架及临时梯搭设过程,确保都符合规范
8			安全、警示标志有缺陷	触电、火灾、爆炸、物体打击、其他伤害					现场管理人员应加强安全、警示标志日常检查
9		管理因素	1 现场未张贴现场安全管理规定; 2 张贴的现场安全管理规定内容存在问题	火灾、爆炸、物体打击、其他伤害					1 管理部门应制定符合法律法规、标准规范要求的现场安全管理规定,并在现场张贴; 2 作业人员应加强现场安全管理规定的培训,掌握相关内容
10			1 现场无事故现场处置方案; 2 张贴的事故现场处置方案内容存在问题	火灾、爆炸、物体打击、其他伤害					1 管理部门应制订符合法律法规、标准规范要求的事故现场处置方案,并在现场张贴; 2 作业人员应加强事故现场处置方案培训,掌握相关内容

表 25　总变电站及设备安全风险因素清单

序号	作业场所	安全风险因素	安全风险原因	安全风险危害	安全风险			安全风险等级	管控措施
					后果严重性等级	可能性等级	风险指数		
1	总变电站及设备	人的因素	1　作业人员无证上岗或证件过期； 2　作业人员存在职业禁忌证	触电、火灾、爆炸、其他伤害					教育培训管理部门应组织须取证的作业人员参加取证培训，并确保证书在有效期内
2			现场作业人员未穿戴劳防用品或劳防用品穿戴不规范	触电、火灾、爆炸、其他伤害					1　管理部门应为员工配备符合标准要求的劳防用品； 2　作业人员应提高安全意识，现场作业必须按要求穿戴劳防用品； 3　作业主管应加强日常监管
3			设备设施无定期检查记录或检查记录有缺陷	触电、火灾、爆炸、其他伤害					1　管理部门应定期检查设备设施并做好相关检查记录； 2　操作人员应做好设备设施日常检查并做好相关记录
4		物的因素	计量仪表失效、未定期检测或检测过期	火灾、爆炸、其他伤害					设备管理部门应定期检测计量仪表，确保仪表未失效
5			设备设施有缺陷	触电、火灾、爆炸、其他伤害					1　管理部门应对设备设施做好检查维修，及时更新更换； 2　操作人员应做好设备设施置日常维护工作

表 25(续 1)

序号	作业场所	安全风险因素	安全风险原因	安全风险危害	安全风险			安全风险等级	管控措施
					后果严重性等级	可能性等级	风险指数		
6	总变电站及设备	物的因素	设备设施操作标志有缺陷	触电、火灾、爆炸、其他伤害					1　管理部门应对设备设施做好检查维修,及时更新更换; 2　操作人员应做好设备设施置日常维护工作
7			小动物挡板、防护网、绝缘地垫缺少或破损	触电、火灾、爆炸、其他伤害					管理部门应加强小动物挡板、防护网、绝缘地垫的日常检查,发现隐患应及时上报并整改
8			专用工器具缺少、未定期检测或检测过期	触电、火灾、爆炸、其他伤害					管理部门应定期检测专用工器具,确保数量充足且未过期
9			灭火器配备不足或失效	火灾、爆炸、其他伤害					管理部门应定期检查灭火器,确保数量充足且未过期
10			站区内有杂草、树木	其他伤害					作业人员应定期清理站区内杂草、树木,确保站区内干净整洁
11			站房内设备设施的电气安全距离不足	触电、火灾、爆炸、其他伤害					1　管理部门在设备安装时应确保电气安全距离符合要求; 2　如安装后不符合现行标准要求,管理部门应采取有效措施确保设备设施安全运行
12			站房内设备未定置摆放、存有杂物、通道不畅	触电、火灾、爆炸、其他伤害					管理部门应加强站房内设备定置管理,及时清除杂物、清理占用通道,发现隐患应及时上报并整改

表 25（续 2）

序号	作业场所	安全风险因素	安全风险原因	安全风险危害	安全风险			安全风险等级	管控措施
					后果严重性等级	可能性等级	风险指数		
13	总变电站及设备	物的因素	电缆沟内有积水、杂物或盖板缺失	触电、其他伤害					管理部门应加强电缆沟日常安全检查，及时清除积水、杂物，发现隐患应及时上报并整改
14			安全、职业卫生、警示、指示标志有缺陷	触电、火灾、爆炸、其他伤害					管理部门应加强安全、职业卫生、警示、指示标志日常检查，发现隐患应及时上报并整改
15			应急照明损坏或故障	触电、其他伤害					管理部门应加强应急照明日常检查，发现隐患应及时上报并整改
16		管理因素	1　现场未张贴现场安全管理规定； 2　张贴的现场安全管理规定内容存在问题	触电、火灾、爆炸、其他伤害					1　管理部门应制定符合法律法规、标准规范要求的现场安全管理规定，并在现场张贴； 2　作业人员应加强现场安全管理规定的培训，掌握相关内容
17			1　现场无设备操作规程、无事故现场处置方案； 2　张贴的设备操作规程、事故现场处置方案内容存在问题	触电、火灾、爆炸、其他伤害					1　管理部门应制订符合法律法规、标准规范要求的设备操作规程和事故现场处置方案，并在现场张贴； 2　作业人员应加强设备操作规程和事故现场处置方案培训，掌握相关内容

表25(续3)

序号	作业场所	安全风险因素	安全风险原因	安全风险危害	安全风险			安全风险等级	管控措施
					后果严重性等级	可能性等级	风险指数		
18	总变电站及设备	管理因素	无运行值班、维护保养记录或记录有缺陷	触电、物体打击、其他伤害					1　管理人员应定期检查运行值班、维护保养记录; 2　作业人员应做好运行值班、维护保养记录

表 26　分配电站及设备安全风险因素清单

序号	作业场所	安全风险因素	安全风险原因	安全风险危害	安全风险			安全风险等级	管控措施
					后果严重性等级	可能性等级	风险指数		
1	分配电站及设备	人的因素	1　作业人员无证上岗或证件过期； 2　作业人员存在职业禁忌证	触电、火灾、爆炸、其他伤害					教育培训管理部门应组织须取证的作业人员参加取证培训，并确保证书在有效期内
2			现场作业人员未穿戴劳防用品或劳防用品穿戴不规范	触电、火灾、爆炸、其他伤害					1　管理部门应为员工配备符合标准要求的劳防用品； 2　作业人员应提高安全意识，现场作业必须按要求穿戴劳防用品； 3　作业主管应加强日常监管
3			设备设施无定期检查记录或检查记录有缺陷	触电、火灾、爆炸、其他伤害					1　管理部门应定期检查设备设施并做好相关检查记录； 2　操作人员应做好设备设施日常检查并做好相关记录
4		物的因素	计量仪表失效、未定期检测或检测过期	火灾、爆炸、其他伤害					设备管理部门应定期检测计量仪表，确保仪表未失效
5			设备设施有缺陷	触电、火灾、爆炸、其他伤害					1　管理部门应对设备设施做好检查维修，及时更新更换； 2　操作人员应做好设备设施置日常维护工作

表 26(续 1)

序号	作业场所	安全风险因素	安全风险原因	安全风险危害	安全风险			安全风险等级	管控措施
					后果严重性等级	可能性等级	风险指数		
6	分配电站及设备	物的因素	设备设施操作标识有缺陷	触电、火灾、爆炸、其他伤害					1　管理部门应对设备设施做好检查维修,及时更新更换; 2　操作人员应做好设备设施置日常维护工作
7			小动物挡板、防护网、绝缘地垫缺少或破损	触电、火灾、爆炸、其他伤害					管理部门应加强小动物挡板、防护网、绝缘地垫的日常检查,发现隐患应及时上报并整改
8			专用工器具有缺少、未定期检测或检测过期	触电、火灾、爆炸、其他伤害					管理部门应定期检测专用工器具,确保数量充足并未过期
9			灭火器配备不足或失效	火灾、爆炸、其他伤害					管理部门应定期检查灭火器,确保数量充足并未过期
10			站区内有杂草、树木	其他伤害					作业人员应定期清理站区内杂草、树木,确保站区内干净整洁
11			站房内设备设施的电气安全距离不足	触电、火灾、爆炸、其他伤害					1　管理部门在设备安装时应确保电气安全距离符合要求; 2　如安装后不符合现行标准要求,管理部门应采取有效措施确保设备设施安全运行

表 26(续 2)

序号	作业场所	安全风险因素	安全风险原因	安全风险危害	安全风险			安全风险等级	管控措施
					后果严重性等级	可能性等级	风险指数		
12	分配电站及设备	物的因素	站房内设备未定置摆放、存有杂物、通道不畅	触电、火灾、爆炸、其他伤害					管理部门应加强站房内设备定置管理,及时清除杂物、清理占用通道,发现隐患应及时上报并整改
13			安全、职业卫生、警示、指示标志有缺陷	触电、火灾、爆炸、其他伤害					管理部门应加强安全、职业卫生、警示、指示标志日常检查,发现隐患应及时上报并整改
14			应急照明损坏或故障	触电、其他伤害					管理部门应加强应急照明日常检查,发现隐患应及时上报并整改
15		管理因素	1 现场未张贴现场安全管理规定; 2 张贴的现场安全管理规定内容存在问题	触电、火灾、爆炸、其他伤害					1 管理部门应制定符合法律法规、标准规范要求的现场安全管理规定,并在现场张贴; 2 作业人员应加强现场安全管理规定的培训,掌握相关内容
16			1 现场无设备操作规程、无事故现场处置方案; 2 张贴的设备操作规程、事故现场处置方案内容存在问题	触电、火灾、爆炸、其他伤害					1 管理部门应制订符合法律法规、标准规范要求的设备操作规程和事故现场处置方案,并在现场张贴; 2 作业人员应加强设备操作规程和事故现场处置方案培训,掌握相关内容

表26(续3)

序号	作业场所	安全风险因素	安全风险原因	安全风险危害	安全风险			安全风险等级	管控措施
					后果严重性等级	可能性等级	风险指数		
17	分配电站及设备	管理因素	无运行值班、维护保养记录或记录有缺陷	触电、物体打击、其他伤害					1 管理人员应定期检查运行值班、维护保养记录; 2 作业人员应做好运行值班、维护保养记录

表 27 压缩空气站及设备安全风险因素清单

序号	作业场所	安全风险因素	安全风险原因	安全风险危害	安全风险			安全风险等级	管控措施
					后果严重性等级	可能性等级	风险指数		
1	压缩空气站及设备	人的因素	1 作业人员无证上岗或证件过期； 2 作业人员存在职业禁忌证	触电、火灾、爆炸、其他伤害					教育培训管理部门应组织须取证的作业人员参加取证培训，并确保证书在有效期内
2			现场作业人员未穿戴劳防用品或劳防用品穿戴不规范	触电、火灾、爆炸、其他伤害					1 管理部门应为员工配备符合标准要求的劳防用品； 2 作业人员应提高安全意识，现场作业必须按要求穿戴劳防用品； 3 作业主管应加强日常监管
3			设备设施无定期检查记录或检查记录有缺陷	触电、火灾、爆炸、其他伤害					1 管理部门应定期检查设备设施并做好相关检查记录； 2 操作人员应做好设备设施日常检查并做好相关记录
4		物的因素	压力表、安全阀等安全和报警装置失效、未定期检测或检测过期	火灾、爆炸、其他伤害					设备管理部门应定期检测压力表、安全阀等安全和报警装置，确保其未失效
5			设备设施有缺陷	触电、火灾、爆炸、其他伤害					1 管理部门应对设备设施做好检查维修，及时更新更换； 2 操作人员应做好设备设施置日常维护工作

表 27(续 1)

序号	作业场所	安全风险因素	安全风险原因	安全风险危害	安全风险			安全风险等级	管控措施
					后果严重性等级	可能性等级	风险指数		
6	压缩空气站及设备	物的因素	设备设施操作标识有缺陷	触电、火灾、爆炸、其他伤害					1 管理部门应对设备设施做好检查维修,及时更新更换; 2 操作人员应做好设备设施置日常维护工作
7			压缩空气管道进出口、操作阀门处流向、开关向和介质标志有缺陷	触电、火灾、爆炸、其他伤害					管理部门应加强压缩空气管道进出口、操作阀门处流向、开关向和介质标志日常安全检查,发现问题及时整改并上报
8			灭火器配备不足或失效	火灾、爆炸、其他伤害					管理部门应定期检查灭火器,确保数量充足并未过期
9			站区内有杂草、树木	其他伤害					作业人员应定期清理站区内杂草、树木,确保站区内干净整洁
10			站房内设备未定置摆放、存有杂物、通道不畅	触电、火灾、爆炸、其他伤害					管理部门应加强站房内设备定置管理,及时清除杂物、清理占用通道,发现隐患应及时上报并整改
11			安全、职业卫生、警示、指示标志有缺陷	触电、火灾、爆炸、其他伤害					管理部门应加强安全、职业卫生、警示、指示标志日常检查,发现隐患应及时上报并整改
12			应急照明损坏或故障	触电、其他伤害					管理部门应加强应急照明日常检查,发现隐患应及时上报并整改

表 27(续 2)

序号	作业场所	安全风险因素	安全风险原因	安全风险危害	安全风险			安全风险等级	管控措施
					后果严重性等级	可能性等级	风险指数		
13	压缩空气站及设备	管理因素	1 现场未张贴现场安全管理规定; 2 张贴的现场安全管理规定内容存在问题	触电、火灾、爆炸、其他伤害					1 管理部门应制定符合法律法规、标准规范要求的现场安全管理规定,并在现场张贴; 2 作业人员应加强现场安全管理规定的培训,掌握相关内容
14			1 现场无设备操作规程、无事故现场处置方案; 2 张贴的设备操作规程、事故现场处置方案内容存在问题	触电、火灾、爆炸、其他伤害					1 管理部门应制订符合法律法规、标准规范要求的设备操作规程和事故现场处置方案,并在现场张贴; 2 作业人员应加强设备操作规程和事故现场处置方案培训,掌握相关内容
15			无运行值班、维护保养记录或记录有缺陷	触电、物体打击、其他伤害					1 管理人员应定期检查运行值班、维护保养记录; 2 作业人员应做好运行值班、维护保养记录

表 28　液氧站(汇流排间)及设备安全风险因素清单

序号	作业场所	安全风险因素	安全风险原因	安全风险危害	安全风险			安全风险等级	管控措施
					后果严重性等级	可能性等级	风险指数		
1	液氧站(汇流排间)及设备	人的因素	1　作业人员无证上岗或证件过期; 2　作业人员存在职业禁忌证	火灾、爆炸、中毒、其他伤害					教育培训管理部门应组织须取证的作业人员参加取证培训,并确保证书在有效期内
2			现场作业人员未穿戴劳防用品或劳防用品穿戴不规范	火灾、爆炸、中毒、其他伤害					1　管理部门应为员工配备符合标准要求的劳防用品; 2　作业人员应提高安全意识,现场作业必须按要求穿戴劳防用品; 3　作业主管应加强日常监管
3			设备设施无定期检查记录或检查记录有缺陷	火灾、爆炸、中毒、其他伤害					1　管理部门应定期检查设备设施并做好相关检查记录; 2　操作人员应做好设备设施日常检查并做好相关记录
4		物的因素	特种设备定期检验有缺陷	火灾、爆炸、中毒、其他伤害					1　管理部门应做好特种设备定期检查工作; 2　操作人员应做好特种设备日常检查并做好相关记录
5			设备设施有缺陷	火灾、爆炸、中毒、其他伤害					1　管理部门应对设备设施做好检查维修,及时更新更换; 2　操作人员应做好设备设施置日常维护工作

表 28(续 1)

序号	作业场所	安全风险因素	安全风险原因	安全风险危害	安全风险			安全风险等级	管控措施
					后果严重性等级	可能性等级	风险指数		
6	液氧站(汇流排间)及设备	物的因素	设备设施操作标识有缺陷	火灾、爆炸、中毒、其他伤害					1　管理部门应对设备设施做好检查维修,及时更新更换; 2　操作人员应做好设备设施置日常维护工作
7			压力表、安全阀等安全和报警装置失效、未定期检测或检测过期	火灾、爆炸、中毒、其他伤害					管理部门应定期检查压力表、安全阀等安全和报警装置,确保其有效
8			安全、职业卫生防护、检测、报警、急救装置和设备有缺陷	触电、火灾、爆炸、中毒、其他伤害					管理部门应定期检查安全、职业卫生防护、检测、报警、急救装置和设备
9			灭火器配备不足或失效	火灾、爆炸、中毒、其他伤害					管理部门应定期检查灭火器,确保数量充足并未过期
10			输气管道进出口、操作阀门处流向、开关向和介质标志有缺陷	火灾、爆炸、中毒、其他伤害					管理部门应定期检测专用工器具,确保数量充足并未过期
11			输气管道电气跨接有缺陷	触电、火灾、爆炸、中毒、其他伤害					管理部门应定期检查输气管道电气跨接,确保安全可靠
12			站房内设备未定置摆放、存有杂物、通道不畅	火灾、爆炸、中毒、其他伤害					管理部门应加强站房内设备定置管理,及时清除杂物、清理占用通道,发现隐患应及时上报并整改
13			站区内有杂草、树木	其他伤害					作业人员应定期清理站区内杂草、树木,确保站区内干净整洁

表 28(续 2)

序号	作业场所	安全风险因素	安全风险原因	安全风险危害	安全风险			安全风险等级	管控措施
					后果严重性等级	可能性等级	风险指数		
14	液氧站(汇流排间)及设备	物的因素	站房内设备设施的电气安全距离不足	火灾、爆炸、中毒、其他伤害					1　管理部门在设备安装时应确保电气安全距离符合要求; 2　如安装后不符合现行标准要求,管理部门应采取有效措施确保设备设施安全运行
15			站区与其他建筑物安全距离不符合标准规范规定	火灾、爆炸、中毒、其他伤害					1　站区在设计时应当与其他建筑物保持足够安全距离; 2　如不符合现行标准要求,管理部门应采取有效措施确保安全运行
16			汇流排间未设置气瓶存放数量和限量标志、气瓶未分类存放	火灾、爆炸、中毒、其他伤害					1　管理人员应定期检查限量存放标志; 2　作业人员应将气瓶分类存放
17			安全、职业卫生、警示、指示标志有缺陷	触电、火灾、爆炸、中毒、其他伤害					管理部门应加强安全、职业卫生、警示、指示标示日常检查,发现隐患应及时上报并整改
18			应急照明损坏或故障	火灾、爆炸、中毒、其他伤害					管理部门应加强应急照明日常检查,发现隐患应及时上报并整改
19		管理因素	1　现场未张贴现场安全管理规定; 2　张贴的现场安全管理规定内容存在问题	火灾、爆炸、中毒、其他伤害					1　管理部门应制定符合法律法规、标准规范要求的现场安全管理规定,并在现场张贴; 2　作业人员应加强现场安全管理规定的培训,掌握相关内容

表 28(续 3)

序号	作业场所	安全风险因素	安全风险原因	安全风险危害	安全风险			安全风险等级	管控措施
					后果严重性等级	可能性等级	风险指数		
20	液氧站(汇流排间)及设备	管理因素	1　现场无设备操作规程、无事故现场处置方案； 2　张贴的设备操作规程、事故现场处置方案内容存在问题	火灾、爆炸、中毒、其他伤害					1　管理部门应制订符合法律法规、标准规范要求的设备操作规程和事故现场处置方案,并在现场张贴； 2　作业人员应加强设备操作规程和事故现场处置方案培训,掌握相关内容
21			无运行值班、维护保养记录或记录有缺陷	火灾、爆炸、中毒、其他伤害					1　管理人员应定期检查运行值班、维护保养记录； 2　作业人员应做运行值班、维护保养记录

表 29 液化二氧化碳气站(汇流排间)及设备安全风险因素清单

序号	作业场所	安全风险因素	安全风险原因	安全风险危害	安全风险			安全风险等级	管控措施
					后果严重性等级	可能性等级	风险指数		
1	液化二氧化碳气站(汇流排间)及设备	人的因素	1 作业人员无证上岗或证件过期的; 2 作业人员存在职业禁忌证	中毒、其他伤害					教育培训管理部门应组织须取证的作业人员参加取证培训,并确保证书在有效期内
2			现场作业人员未穿戴劳防用品或劳防用品穿戴不规范	中毒、其他伤害					1 管理部门应为员工配备符合标准要求的劳防用品; 2 作业人员应提高安全意识,现场作业必须按要求穿戴劳防用品; 3 作业主管应加强日常监管
3			设备设施无定期检查记录或检查记录有缺陷	中毒、其他伤害					1 管理部门应定期检查设备设施并做好相关检查记录; 2 操作人员应做好设备设施日常检查并做好相关记录
4		物的因素	特种设备定期检验有缺陷	中毒、其他伤害					1 管理部门应做好特种设备定期检查工作; 2 操作人员应做好特种设备日常检查并做好相关记录
5			设备设施有缺陷	中毒、其他伤害					1 管理部门应对设备设施做好检查维修,及时更新更换; 2 操作人员应做好设备设施置日常维护工作

表 29(续 1)

序号	作业场所	安全风险因素	安全风险原因	安全风险危害	安全风险			安全风险等级	管控措施
					后果严重性等级	可能性等级	风险指数		
6	液化二氧化碳气站(汇流排间)及设备	物的因素	设备设施操作标志有缺陷	中毒、其他伤害					1 管理部门应对设备设施做好检查维修,及时更新更换; 2 操作人员应做好设备设施置日常维护工作
7			压力表、安全阀等安全和报警装置失效、未定期检测或检测过期	中毒、其他伤害					管理部门应定期检查压力表、安全阀等安全和报警装置,确保其有效
8			安全、职业卫生防护、检测、报警、急救装置和设备有缺陷	中毒、其他伤害					管理部门应定期检查安全、职业卫生防护、检测、报警、急救装置和设备
9			灭火器配备不足或失效	中毒、其他伤害					管理部门应定期检查灭火器,确保数量充足并未过期
10			输气管道进出口、操作阀门处流向、开关向和介质标志有缺陷	中毒、其他伤害					管理部门应定期检测专用工器具,确保数量充足并未过期
11			输气管道电气跨接有缺陷	爆炸、中毒、其他伤害					管理部门应定期检查输气管道电气跨接,确保安全可靠
12			站房内设备未定置摆放、存有杂物、通道不畅	中毒、其他伤害					管理部门应加强站房内设备定置管理,及时清除杂物、清理占用通道,发现隐患应及时上报并整改
13			站区内有杂草、树木	其他伤害					作业人员应定期清理站区内杂草、树木,确保站区内干净整洁

表29(续2)

序号	作业场所	安全风险因素	安全风险原因	安全风险危害	安全风险			安全风险等级	管控措施
					后果严重性等级	可能性等级	风险指数		
14	液化二氧化碳气站(汇流排间)及设备	物的因素	站房内设备设施的电气安全距离不足	中毒、其他伤害					1 管理部门在设备安装时应确保电气安全距离符合要求; 2 如安装后不符合现行标准要求,管理应采取有效措施确保设备设施安全运行
15			汇流排间未设置气瓶存放数量和限量标志、气瓶未分类存放	中毒、其他伤害					1 管理人员应定期检查限量存放标志; 2 作业人员应将气瓶分类存放
16			安全、职业卫生、警示、指示标志有缺陷	爆炸、中毒、其他伤害					管理部门应加强安全、职业卫生、警示、指示标志日常检查,发现隐患应及时上报并整改
17			应急照明损坏或故障	中毒、其他伤害					管理部门应加强应急照明日常检查,发现隐患应及时上报并整改
18		管理因素	1 现场未张贴现场安全管理规定; 2 张贴的现场安全管理规定内容存在问题	中毒、其他伤害					1 管理部门应制定符合法律法规、标准规范要求的现场安全管理规定,并在现场张贴; 2 作业人员应加强现场安全管理规定的培训,掌握相关内容

表 29(续 3)

序号	作业场所	安全风险因素	安全风险原因	安全风险危害	安全风险			安全风险等级	管控措施
					后果严重性等级	可能性等级	风险指数		
19	液化二氧化碳气站(汇流排间)及设备	管理因素	1　现场无设备操作规程、无事故现场处置方案; 2　张贴的设备操作规程、事故现场处置方案内容存在问题	中毒、其他伤害					1　管理部门应制订符合法律法规、标准规范要求的设备操作规程和事故现场处置方案,并在现场张贴; 2　作业人员应加强设备操作规程和事故现场处置方案培训,掌握相关内容
20			无运行值班、维护保养记录或记录有缺陷	火灾、爆炸、中毒、其他伤害					1　管理人员应定期检查运行值班、维护保养记录; 2　作业人员应做运行值班、维护保养记录

表 30　乙炔站(汇流排间)及设备安全风险因素清单

序号	作业场所	安全风险因素	安全风险原因	安全风险危害	安全风险			安全风险等级	管控措施
					后果严重性等级	可能性等级	风险指数		
1	乙炔站(汇流排间)及设备	人的因素	1　作业人员无证上岗或证件过期的; 2　作业人员存在职业禁忌证	火灾、爆炸、中毒、其他伤害					教育培训管理部门应组织须取证的作业人员参加取证培训,并确保证书在有效期内
2			现场作业人员未穿戴劳防用品或劳防用品穿戴不规范	火灾、爆炸、中毒、其他伤害					1　管理部门应为员工配备符合标准要求的劳防用品; 2　作业人员应提高安全意识,现场作业必须按要求穿戴劳防用品; 3　作业主管应加强日常监管
3			设备设施无定期检查记录或检查记录有缺陷	火灾、爆炸、中毒、其他伤害					1　管理部门应定期检查设备设施并做好相关检查记录; 2　操作人员应做好设备设施日常检查并做好相关记录
4		物的因素	特种设备定期检验有缺陷	火灾、爆炸、中毒、其他伤害					1　管理部门应做好特种设备定期检查工作; 2　操作人员应做好特种设备日常检查并做好相关记录
5			设备设施有缺陷	火灾、爆炸、中毒、其他伤害					1　管理部门应对设备设施做好检查维修,及时更新更换; 2　操作人员应做好设备设施置日常维护工作

表 30(续 1)

序号	作业场所	安全风险因素	安全风险原因	安全风险危害	安全风险			安全风险等级	管控措施
					后果严重性等级	可能性等级	风险指数		
6	乙炔站(汇流排间)及设备	物的因素	设备设施操作标志有缺陷	火灾、爆炸、中毒、其他伤害					1 管理部门应对设备设施做好检查维修,及时更新更换; 2 操作人员应做好设备设施置日常维护工作
7			压力表、安全阀等安全和报警装置失效、未定期检测或检测过期	火灾、爆炸、中毒、其他伤害					管理部门应定期检查压力表、安全阀等安全和报警装置,确保其有效
8			安全、职业卫生防护、检测、报警、急救装置和设备有缺陷	触电、火灾、爆炸、中毒、其他伤害					管理部门应定期检查安全、职业卫生防护、检测、报警、急救装置和设备
9			灭火器配备不足或失效	火灾、爆炸、中毒、其他伤害					管理部门应定期检查灭火器,确保数量充足并未过期
10			输气管道进出口、操作阀门处流向、开关向和介质标志有缺陷	火灾、爆炸、中毒、其他伤害					管理部门应定期检测专用工器具,确保数量充足并未过期
11			输气管道电气跨接有缺陷	触电、火灾、爆炸、中毒、其他伤害					管理部门应定期检查输气管道电气跨接,确保安全可靠
12			站房内设备未定置摆放、存有杂物、通道不畅	火灾、爆炸、中毒、其他伤害					管理部门应加强站房内设备定置管理,及时清除杂物、清理占用通道,发现隐患应及时上报并整改
13			站区内有杂草、树木、易燃物	其他伤害					作业人员应定期清理站区内杂草、树木,确保站区内干净整洁

表30(续2)

序号	作业场所	安全风险因素	安全风险原因	安全风险危害	安全风险			安全风险等级	管控措施
					后果严重性等级	可能性等级	风险指数		
14	乙炔站(汇流排间)及设备	物的因素	站房内设备设施的电气安全距离不足	火灾、爆炸、中毒、其他伤害					1 管理部门在设备安装时应确保电气安全距离符合要求; 2 如安装后不符合现行标准要求,管理部门应采取有效措施确保设备设施安全运行
15			站区与其他建筑物安全距离不符合标准规范规定	火灾、爆炸、中毒、其他伤害					1 站区在设计时应当与其他建筑物保持足够安全距离; 2 如不符合现行标准要求,管理部门应采取有效措施确保安全运行
16			汇流排间未设置气瓶存放数量和限量标志、气瓶未分类存放	火灾、爆炸、中毒、其他伤害					1 管理人员应定期检查限量存放标志; 2 作业人员应将气瓶分类存放
17			安全、职业卫生、警示、指示标志有缺陷	触电、火灾、爆炸、中毒、其他伤害					管理部门应加强安全、职业卫生、警示、指示标志日常检查,发现隐患应及时上报并整改
18			应急照明损坏或故障	火灾、爆炸、中毒、其他伤害					管理部门应加强应急照明日常检查,发现隐患应及时上报并整改

表 30(续 3)

序号	作业场所	安全风险因素	安全风险原因	安全风险危害	安全风险			安全风险等级	管控措施
					后果严重性等级	可能性等级	风险指数		
19	乙炔站(汇流排间)及设备	管理因素	1　现场未张贴现场安全管理规定; 2　张贴的现场安全管理规定内容存在问题	火灾、爆炸、中毒、其他伤害					1　管理部门应制定符合法律法规、标准规范要求的现场安全管理规定,并在现场张贴; 2　作业人员应加强现场安全管理规定的培训,掌握相关内容
20			1　现场无设备操作规程、无事故现场处置方案; 2　张贴的设备操作规程、事故现场处置方案内容存在问题	火灾、爆炸、中毒、其他伤害					1　管理部门应制订符合法律法规、标准规范要求的设备操作规程和事故现场处置方案,并在现场张贴; 2　作业人员应加强设备操作规程和事故现场处置方案培训,掌握相关内容
21			无运行值班、维护保养记录或记录有缺陷	火灾、爆炸、中毒、其他伤害					1　管理人员应定期检查运行值班、维护保养记录; 2　作业人员应做运行值班、维护保养记录

表31　管道燃气站及设备安全风险因素清单

序号	作业场所	安全风险因素	安全风险原因	安全风险危害	安全风险			安全风险等级	管控措施
					后果严重性等级	可能性等级	风险指数		
1	管道燃气站及设备	人的因素	1　作业人员无证上岗或证件过期的； 2　作业人员存在职业禁忌证	火灾、爆炸、中毒、其他伤害					教育培训管理部门应组织须取证的作业人员参加取证培训,并确保证书在有效期内
2			现场作业人员未穿戴劳防用品或劳防用品穿戴不规范	火灾、爆炸、中毒、其他伤害					1　管理部门应为员工配备符合标准要求的劳防用品； 2　作业人员应提高安全意识,现场作业必须按要求穿戴劳防用品； 3　作业主管应加强日常监管
3			设备设施无定期检查记录或检查记录有缺陷	火灾、爆炸、中毒、其他伤害					1　管理部门应定期检查设备设施并做好相关检查记录； 2　操作人员应做好设备设施日常检查并做好相关记录
4		物的因素	特种设备定期检验有缺陷	火灾、爆炸、中毒、其他伤害					1　管理部门应做好特种设备定期检查工作； 2　操作人员应做好特种设备日常检查并做好相关记录
5			设备设施有缺陷	火灾、爆炸、中毒、其他伤害					1　管理部门应对设备设施做好检查维修,及时更新更换； 2　操作人员应做好设备设施置日常维护工作

表31(续1)

序号	作业场所	安全风险因素	安全风险原因	安全风险危害	安全风险			安全风险等级	管控措施
					后果严重性等级	可能性等级	风险指数		
6	管道燃气站及设备	物的因素	设备设施操作标识有缺陷	火灾、爆炸、中毒、其他伤害					1　管理部门应对设备设施做好检查维修,及时更新更换; 2　操作人员应做好设备设施置日常维护工作
7			压力表、安全阀等安全和报警装置失效、未定期检测或检测过期	火灾、爆炸、中毒、其他伤害					管理部门应定期检查压力表、安全阀等安全和报警装置,确保其有效
8			安全、职业卫生防护、检测、报警、急救装置和设备有缺陷	触电、火灾、爆炸、中毒、其他伤害					管理部门应定期检查安全、职业卫生防护、检测、报警、急救装置和设备
9			灭火器配备不足或失效	火灾、爆炸、中毒、其他伤害					管理部门应定期检查灭火器,确保数量充足并未过期
10			输气管道进出口、操作阀门处流向、开关向和介质标志有缺陷	火灾、爆炸、中毒、其他伤害					管理部门应定期检测专用工器具,确保数量充足并未过期
11			输气管道电气跨接有缺陷	触电、火灾、爆炸、中毒、其他伤害					管理部门应定期检查输气管道电气跨接,确保安全可靠
12			站房内设备未定置摆放、存有杂物、通道不畅	火灾、爆炸、中毒、其他伤害					管理部门应加强站房内设备定置管理,及时清除杂物、清理占用通道,发现隐患应及时上报并整改
13			站区内有杂草、树木、易燃物	其他伤害					作业人员应定期清理站区内杂草、树木,确保站区内干净整洁

表31(续2)

序号	作业场所	安全风险因素	安全风险原因	安全风险危害	安全风险			安全风险等级	管控措施
					后果严重性等级	可能性等级	风险指数		
14	管道燃气站及设备	物的因素	站房内设备设施的电气安全距离不足	火灾、爆炸、中毒、其他伤害					1 管理部门在设备安装时应确保电气安全距离符合要求; 2 如安装后不符合现行标准要求,管理部门应采取有效措施确保设备设施安全运行
15			站区与其他建筑物安全距离不符合标准规范规定	火灾、爆炸、中毒、其他伤害					1 站区在设计时应当与其他建筑物保持足够安全距离; 2 如不符合现行标准要求,管理部门应采取有效措施确保安全运行
16			安全、职业卫生、警示、指示标志有缺陷	触电、火灾、爆炸、中毒、其他伤害					管理部门应加强安全、职业卫生、警示、指示标志日常检查,发现隐患应及时上报并整改
17			应急照明损坏或故障	火灾、爆炸、中毒、其他伤害					管理部门应加强应急照明日常检查,发现隐患应及时上报并整改
18		管理因素	1 现场未张贴现场安全管理规定; 2 张贴的现场安全管理规定内容存在问题	火灾、爆炸、中毒、其他伤害					1 管理部门应制定符合法律法规、标准规范要求的现场安全管理规定,并在现场张贴; 2 作业人员应加强现场安全管理规定的培训,掌握相关内容

表 31(续 3)

序号	作业场所	安全风险因素	安全风险原因	安全风险危害	安全风险			安全风险等级	管控措施
					后果严重性等级	可能性等级	风险指数		
19	管道燃气站及设备	管理因素	1 现场无设备操作规程、无事故现场处置方案; 2 张贴的设备操作规程、事故现场处置方案内容存在问题	火灾、爆炸、中毒、其他伤害					1 管理部门应制订符合法律法规、标准规范要求的设备操作规程和事故现场处置方案,并在现场张贴; 2 作业人员应加强设备操作规程和事故现场处置方案培训,掌握相关内容
20			无运行值班、维护保养记录或记录有缺陷	火灾、爆炸、中毒、其他伤害					1 管理人员应定期检查运行值班、维护保养记录; 2 作业人员应做运行值班、维护保养记录

表32　锅炉房(热力站)及设备安全风险因素清单

序号	作业场所	安全风险因素	安全风险原因	安全风险危害	安全风险			安全风险等级	管控措施
					后果严重性等级	可能性等级	风险指数		
1	锅炉房(热力站)及设备	人的因素	1　作业人员无证上岗或证件过期的; 2　作业人员存在职业禁忌证	火灾、爆炸、烫伤、其他伤害					教育培训管理部门应组织须取证的作业人员参加取证培训,并确保证书在有效期内
2			现场作业人员未穿戴劳防用品或劳防用品穿戴不规范	火灾、爆炸、烫伤、其他伤害					1　管理部门应为员工配备符合标准要求的劳防用品; 2　作业人员应提高安全意识,现场作业必须按要求穿戴劳防用品; 3　作业主管应加强日常监管
3			设备设施无定期检查记录或检查记录有缺陷	火灾、爆炸、烫伤、其他伤害					1　管理部门应定期检查设备设施并做好相关检查记录; 2　操作人员应做好设备设施日常检查并做好相关记录
4		物的因素	特种设备定期检验有缺陷	火灾、爆炸、烫伤、其他伤害					1　管理部门应做好特种设备定期检查工作; 2　操作人员应做好特种设备日常检查并做好相关记录
5			设备设施有缺陷	火灾、爆炸、烫伤、其他伤害					1　管理部门应对设备设施做好检查维修,及时更新更换; 2　操作人员应做好设备设施置日常维护工作

表32(续1)

序号	作业场所	安全风险因素	安全风险原因	安全风险危害	安全风险			安全风险等级	管控措施
					后果严重性等级	可能性等级	风险指数		
6	锅炉房(热力站)及设备	物的因素	设备设施操作标志有缺陷	火灾、爆炸、烫伤、其他伤害					1　管理部门应对设备设施做好检查维修,及时更新更换; 2　操作人员应做好设备设施置日常维护工作
7			压力表、安全阀、气体浓度探测等安全和报警装置失效、未定期检测或检测过期	火灾、爆炸、烫伤、其他伤害					管理部门应定期检查压力表、安全阀等安全和报警装置,确保其有效
8			安全、职业卫生防护、检测、报警、急救装置和设备有缺陷	触电、火灾、爆炸、烫伤、其他伤害					管理部门应定期检查安全、职业卫生防护、检测、报警、急救装置和设备
9			灭火器配备不足或失效	火灾、爆炸、烫伤、其他伤害					管理部门应定期检查灭火器,确保数量充足并未过期
10			进出水管道进出口、操作阀门处流向、开关向和介质标志有缺陷	火灾、爆炸、烫伤、其他伤害					管理部门应定期检测专用工器具,确保数量充足并未过期
11			站房内设备未定置摆放、存有杂物、通道不畅	火灾、爆炸、烫伤、其他伤害					管理部门应加强站房内设备定置管理,及时清除杂物、清理占用通道,发现隐患应及时上报并整改
12			站房内设备设施的电气安全距离不足	火灾、爆炸、烫伤、其他伤害					1　管理部门在设备安装时应确保电气安全距离符合要求; 2　如安装后不符合现行标准要求,管理部门应采取有效措施确保设备设施安全运行

表 32(续 2)

序号	作业场所	安全风险因素	安全风险原因	安全风险危害	安全风险			安全风险等级	管控措施
					后果严重性等级	可能性等级	风险指数		
13	锅炉房(热力站)及设备	物的因素	站区与其他建筑物安全距离不符合标准规范规定	火灾、爆炸、烫伤、其他伤害					1　站区在设计时应当与其他建筑物保持足够安全距离; 2　如不符合现行标准要求,管理部门应采取有效措施确保安全运行
14			安全、职业卫生、警示、指示标志有缺陷	触电、火灾、爆炸、烫伤、其他伤害					管理部门应加强安全、职业卫生、警示、指示标志日常检查,发现隐患应及时上报并整改
15			应急照明损坏或故障	火灾、爆炸、烫伤、其他伤害					管理部门应加强应急照明日常检查,发现隐患应及时上报并整改
16		管理因素	1　现场未张贴现场安全管理规定; 2　张贴的现场安全管理规定内容存在问题	火灾、爆炸、烫伤、其他伤害					1　管理部门应制定符合法律法规、标准规范要求的现场安全管理规定,并在现场张贴; 2　作业人员应加强现场安全管理规定的培训,掌握相关内容
17			1　现场无设备操作规程、无事故现场处置方案; 2　张贴的设备操作规程、事故现场处置方案内容存在问题	火灾、爆炸、烫伤、其他伤害					1　管理部门应制订符合法律法规、标准规范要求的设备操作规程和事故现场处置方案,并在现场张贴; 2　作业人员应加强设备操作规程和事故现场处置方案培训,掌握相关内容

表 32(续 3)

序号	作业场所	安全风险因素	安全风险原因	安全风险危害	安全风险			安全风险等级	管控措施
					后果严重性等级	可能性等级	风险指数		
18	锅炉房(热力站)及设备	管理因素	无运行值班、维护保养记录或记录有缺陷	火灾、爆炸、烫伤、其他伤害					1　管理人员应定期检查运行值班、维护保养记录; 2　作业人员应做运行值班、维护保养记录

表 33　水泵房及设备安全风险因素清单

序号	作业场所	安全风险因素	安全风险原因	安全风险危害	安全风险			安全风险等级	管控措施
					后果严重性等级	可能性等级	风险指数		
1	水泵房及设备	人的因素	1　作业人员无证上岗或证件过期的; 2　作业人员存在职业禁忌证	火灾、触电、其他伤害					教育培训管理部门应组织须取证的作业人员参加取证培训,并确保证书在有效期内
2			现场作业人员未穿戴劳防用品或劳防用品穿戴不规范	火灾、触电、其他伤害					1　管理部门应为员工配备符合标准要求的劳防用品; 2　作业人员应提高安全意识,现场作业必须按要求穿戴劳防用品; 3　作业主管应加强日常监管
3			设备设施无定期检查记录或检查记录有缺陷	火灾、触电、其他伤害					1　管理部门应定期检查设备设施并做好相关检查记录; 2　操作人员应做好设备设施日常检查并做好相关记录
4		物的因素	特种设备定期检验有缺陷	火灾、触电、其他伤害					1　管理部门应做好特种设备定期检查工作; 2　操作人员应做好特种设备日常检查并做好相关记录
5			设备设施有缺陷	火灾、触电、其他伤害					1　管理部门应对设备设施做好检查维修,及时更新更换; 2　操作人员应做好设备设施置日常维护工作

表33(续1)

序号	作业场所	安全风险因素	安全风险原因	安全风险危害	安全风险			安全风险等级	管控措施
					后果严重性等级	可能性等级	风险指数		
6	水泵房及设备	物的因素	设备设施操作标志有缺陷	火灾、触电、其他伤害					1　管理部门应对设备设施做好检查维修,及时更新更换; 2　操作人员应做好设备设施置日常维护工作
7			压力表、安全阀等安全和报警装置失效、未定期检测或检测过期	火灾、触电、其他伤害					管理部门应定期检查压力表、安全阀等安全和报警装置,确保其有效
8			安全、职业卫生防护、检测、报警、急救装置和设备有缺陷	火灾、触电、其他伤害					管理部门应定期检查安全、职业卫生防护、检测、报警、急救装置和设备
9			灭火器配备不足或失效	火灾、触电、其他伤害					管理部门应定期检查灭火器,确保数量充足并未过期
10			进出水管道进出口、操作阀门处流向、开关向和介质标志有缺陷	火灾、触电、其他伤害					管理部门应定期检测专用工器具,确保数量充足并未过期
11			站房内设备未定置摆放、存有杂物、通道不畅	火灾、触电、其他伤害					管理部门应加强站房内设备定置管理,及时清除杂物、清理占用通道,发现隐患应及时上报并整改
12			站房内设备设施的电气安全距离不足	火灾、触电、其他伤害					1　管理部门在设备安装时应确保电气安全距离符合要求; 2　如安装后不符合现行标准要求,管理部门应采取有效措施确保设备设施安全运行

表 33(续 2)

序号	作业场所	安全风险因素	安全风险原因	安全风险危害	安全风险			安全风险等级	管控措施
					后果严重性等级	可能性等级	风险指数		
13	水泵房及设备	物的因素	安全、职业卫生、警示、指示标志有缺陷	火灾、触电、其他伤害					管理部门应加强安全、职业卫生、警示、指示标志日常检查,发现隐患应及时上报并整改
14			应急照明损坏或故障	火灾、触电、其他伤害					管理部门应加强应急照明日常检查,发现隐患应及时上报并整改
15		管理因素	1　现场未张贴现场安全管理规定; 2　张贴的现场安全管理规定内容存在问题	火灾、触电、其他伤害					1　管理部门应制定符合法律法规、标准规范要求的现场安全管理规定,并在现场张贴; 2　作业人员应加强现场安全管理规定的培训,掌握相关内容
16			1　现场无设备操作规程、无事故现场处置方案; 2　张贴的设备操作规程、事故现场处置方案内容存在问题	火灾、触电、其他伤害					1　管理部门应制订符合法律法规、标准规范要求的设备操作规程和事故现场处置方案,并在现场张贴; 2　作业人员应加强设备操作规程和事故现场处置方案培训,掌握相关内容
17			无运行值班、维护保养记录或记录有缺陷	火灾、触电、其他伤害					1　管理人员应定期检查运行值班、维护保养记录; 2　作业人员应做运行值班、维护保养记录

表 34 污水处理站及设备安全风险因素清单

序号	作业场所	安全风险因素	安全风险原因	安全风险危害	安全风险			安全风险等级	管控措施
					后果严重性等级	可能性等级	风险指数		
1	污水处理站及设备	人的因素	1 作业人员无证上岗或证件过期的； 2 作业人员存在职业禁忌证	淹溺、火灾、触电、其他伤害					教育培训管理部门应组织须取证的作业人员参加取证培训，并确保证书在有效期内
2			现场作业人员未穿戴劳防用品或劳防用品穿戴不规范	淹溺、火灾、触电、其他伤害					1 管理部门应为员工配备符合标准要求的劳防用品； 2 作业人员应提高安全意识，现场作业必须按要求穿戴劳防用品； 3 作业主管应加强日常监管
3			设备设施无定期检查记录或检查记录有缺陷	淹溺、火灾、触电、其他伤害					1 管理部门应定期检查设备设施并做好相关检查记录； 2 操作人员应做好设备设施日常检查并做好相关记录
4		物的因素	特种设备定期检验有缺陷	淹溺、火灾、触电、其他伤害					1 管理部门应做好特种设备定期检查工作； 2 操作人员应做好特种设备日常检查并做好相关记录
5			设备设施有缺陷	淹溺、火灾、触电、其他伤害					1 管理部门应对设备设施做好检查维修，及时更新更换； 2 操作人员应做好设备设施置日常维护工作

表 34(续 1)

序号	作业场所	安全风险因素	安全风险原因	安全风险危害	安全风险			安全风险等级	管控措施
					后果严重性等级	可能性等级	风险指数		
6	污水处理站及设备	物的因素	设备设施操作标志有缺陷	淹溺、火灾、触电、其他伤害					1 管理部门应对设备设施做好检查维修,及时更新更换; 2 操作人员应做好设备设施置日常维护工作
7			压力表、安全阀等安全和报警装置失效、未定期检测或检测过期	淹溺、火灾、触电、其他伤害					管理部门应定期检查压力表、安全阀等安全和报警装置,确保其有效
8			安全、职业卫生防护、检测、报警、急救装置和设备有缺陷	淹溺、火灾、触电、其他伤害					管理部门应定期检查安全、职业卫生防护、检测、报警、急救装置和设备
9			灭火器配备不足或失效	淹溺、火灾、触电、其他伤害					管理部门应定期检查灭火器,确保数量充足并未过期
10			进出水管道进出口、操作阀门处流向、开关向和介质标志有缺陷	淹溺、火灾、触电、其他伤害					管理部门应定期检测专用工器具,确保数量充足并未过期
11			站房内设备未定置摆放、存有杂物、通道不畅	淹溺、火灾、触电、其他伤害					管理部门应加强站房内设备定置管理,及时清除杂物、清理占用通道,发现隐患应及时上报并整改
12			安全、职业卫生、警示、指示标志有缺陷	淹溺、火灾、触电、其他伤害					管理部门应加强安全、职业卫生、警示、指示标志日常检查,发现隐患应及时上报并整改
13			应急照明损坏或故障	淹溺、火灾、触电、其他伤害					管理部门应加强应急照明日常检查,发现隐患应及时上报并整改

表34(续2)

序号	作业场所	安全风险因素	安全风险原因	安全风险危害	安全风险			安全风险等级	管控措施
					后果严重性等级	可能性等级	风险指数		
14	污水处理站及设备	管理因素	1 现场未张贴现场安全管理规定; 2 张贴的现场安全管理规定内容存在问题	淹溺、火灾、触电、其他伤害					1 管理部门应制定符合法律法规、标准规范要求的现场安全管理规定,并在现场张贴; 2 作业人员应加强现场安全管理规定的培训,掌握相关内容
15			1 现场无设备操作规程、无事故现场处置方案; 2 张贴的设备操作规程、事故现场处置方案内容存在问题	淹溺、火灾、触电、其他伤害					1 管理部门应制订符合法律法规、标准规范要求的设备操作规程和事故现场处置方案,并在现场张贴; 2 作业人员应加强设备操作规程和事故现场处置方案培训,掌握相关内容
16			无运行值班、维护保养记录或记录有缺陷	淹溺、火灾、触电、其他伤害					1 管理人员应定期检查运行值班、维护保养记录; 2 作业人员应做运行值班、维护保养记录

表 35　加油站(加油区)及设备安全风险因素清单

序号	作业场所	安全风险因素	安全风险原因	安全风险危害	安全风险			安全风险等级	管控措施
					后果严重性等级	可能性等级	风险指数		
1	加油站(加油区)及设备	人的因素	1　作业人员无证上岗或证件过期的; 2　作业人员存在职业禁忌证	火灾、爆炸、其他伤害					教育培训管理部门应组织须取证的作业人员参加取证培训,并确保证书在有效期内
2			现场作业人员未穿戴劳防用品或劳防用品穿戴不规范	火灾、爆炸、其他伤害					1　管理部门应为员工配备符合标准要求的劳防用品; 2　作业人员应提高安全意识,现场作业必须按要求穿戴劳防用品; 3　作业主管应加强日常监管
3			设备设施无定期检查记录或检查记录有缺陷	火灾、爆炸、其他伤害					1　管理部门应定期检查设备设施并做好相关检查记录; 2　操作人员应做好设备设施日常检查并做好相关记录
4		物的因素	站区人员、车辆违反安全管理规定	火灾、爆炸、车辆伤害、其他伤害					培训部门及站房管理部门应做好作业人员、车辆操作人员安全培训,禁止“三违”现象发生
5			特种设备定期检验有缺陷	火灾、爆炸、其他伤害					1　管理部门应做好特种设备定期检查工作; 2　操作人员应做好特种设备日常检查并做好相关记录

表 35(续 1)

序号	作业场所	安全风险因素	安全风险原因	安全风险危害	安全风险			安全风险等级	管控措施
					后果严重性等级	可能性等级	风险指数		
6	加油站(加油区)及设备	物的因素	设备设施有缺陷	火灾、爆炸、其他伤害					1　管理部门应对设备设施做好检查维修,及时更新更换; 2　操作人员应做好设备设施置日常维护工作
7			设备设施操作标志有缺陷	火灾、爆炸、其他伤害					1　管理部门应对设备设施做好检查维修,及时更新更换; 2　操作人员应做好设备设施置日常维护工作
8			压力表、安全阀、气体浓度探测等安全和报警装置失效、未定期检测或检测过期	火灾、爆炸、其他伤害					管理部门应定期检查压力表、安全阀等安全和报警装置,确保其有效
9			安全、职业卫生防护、检测、报警、急救装置和设备有缺陷	火灾、爆炸、其他伤害					管理部门应定期检查安全、职业卫生防护、检测、报警、急救装置和设备
10			灭火器配备不足或失效	火灾、爆炸、其他伤害					管理部门应定期检查灭火器,确保数量充足并未过期
11			输油管道进出口、操作阀门处流向、开关向和介质标志有缺陷	火灾、爆炸、其他伤害					管理部门应定期检测专用工器具,确保数量充足并未过期
12			站房内设备未定置摆放、存有杂物、通道不畅	火灾、爆炸、其他伤害					管理部门应加强站房内设备定置管理,及时清除杂物、清理占用通道,发现隐患应及时上报并整改

表35(续2)

序号	作业场所	安全风险因素	安全风险原因	安全风险危害	安全风险			安全风险等级	管控措施
					后果严重性等级	可能性等级	风险指数		
13	加油站(加油区)及设备	物的因素	站区内有杂草、树木、易燃物	火灾、爆炸、其他伤害					作业人员应定期清理站区内杂草、树木,确保站区内干净整洁
14			站房内设备设施的电气安全距离不足	火灾、爆炸、其他伤害					1 管理部门在设备安装时应确保电气安全距离符合要求; 2 如安装后不符合现行标准要求,管理部门应采取有效措施确保设备设施安全运行
15			站区与其他建筑物安全距离不符合标准规范规定	火灾、爆炸、其他伤害					1 站区在设计时应当与其他建筑物保持足够安全距离; 2 如不符合现行标准要求,管理部门应采取有效措施确保安全运行
16			安全、职业卫生、警示、指示标志有缺陷	火灾、爆炸、其他伤害					管理部门应加强安全、职业卫生、警示、指示标志日常检查,发现隐患应及时上报并整改
17			应急照明损坏或故障	火灾、爆炸、其他伤害					管理部门应加强应急照明日常检查,发现隐患应及时上报并整改
18		管理因素	1 现场未张贴现场安全管理规定; 2 张贴的现场安全管理规定内容存在问题	火灾、爆炸、其他伤害					1 管理部门应制定符合法律法规、标准规范要求的现场安全管理规定,并在现场张贴; 2 作业人员应加强现场安全管理规定的培训,掌握相关内容

表35(续3)

序号	作业场所	安全风险因素	安全风险原因	安全风险危害	安全风险			安全风险等级	管控措施
					后果严重性等级	可能性等级	风险指数		
19	加油站(加油区)及设备	管理因素	1　现场无设备操作规程、无事故现场处置方案; 2　张贴的设备操作规程、事故现场处置方案内容存在问题	火灾、爆炸、其他伤害					1　管理部门应制订符合法律法规、标准规范要求的设备操作规程和事故现场处置方案,并在现场张贴; 2　作业人员应加强设备操作规程和事故现场处置方案培训,掌握相关内容
20			无运行值班、维护保养记录或记录有缺陷	火灾、爆炸、其他伤害					1　管理人员应定期检查运行值班、维护保养记录; 2　作业人员应做运行值班、维护保养记录

表36　设备及零部件库房及设备安全风险因素清单

序号	作业场所	安全风险因素	安全风险原因	安全风险危害	安全风险			安全风险等级	管控措施
					后果严重性等级	可能性等级	风险指数		
1	设备及零部件库房及设备	人的因素	1　作业人员无证上岗或证件过期的; 2　作业人员存在职业禁忌证	火灾、物体打击、其他伤害					教育培训管理部门应组织须取证的作业人员参加取证培训,并确保证书在有效期内
2			现场作业人员未穿戴劳防用品或劳防用品穿戴不规范	火灾、物体打击、其他伤害					1　管理部门应为员工配备符合标准要求的劳防用品; 2　作业人员应提高安全意识,现场作业必须按要求穿戴劳防用品; 3　作业主管应加强日常监管
3			设备设施无定期检查记录或检查记录有缺陷	火灾、物体打击、其他伤害					1　管理部门应定期检查设备设施并做好相关检查记录; 2　操作人员应做好设备设施日常检查并做好相关记录
4		物的因素	特种设备定期检验有缺陷	火灾、起重伤害、其他伤害					1　管理部门应做好特种设备定期检查工作; 2　操作人员应做好特种设备日常检查并做好相关记录
5			设备设施有缺陷	火灾、物体打击、其他伤害					1　管理部门应对设备设施做好检查维修,及时更新更换; 2　操作人员应做好设备设施置日常维护工作

表 36(续 1)

序号	作业场所	安全风险因素	安全风险原因	安全风险危害	安全风险			安全风险等级	管控措施
					后果严重性等级	可能性等级	风险指数		
6	设备及零部件库房及设备	物的因素	设备设施操作标志有缺陷	火灾、物体打击、其他伤害					1　管理部门应对设备设施做好检查维修,及时更新更换; 2　操作人员应做好设备设施置日常维护工作
7			安全、职业卫生防护、检测、报警、急救装置和设备有缺陷	火灾、物体打击、其他伤害					管理部门应定期检查安全、职业卫生防护、检测、报警、急救装置和设备
8			灭火器配备不足或失效	火灾、物体打击、其他伤害					管理部门应定期检查灭火器,确保数量充足并未过期
9			站房内设备未定置摆放、存有杂物、通道不畅	火灾、物体打击、其他伤害					管理部门应加强站房内设备定置管理,及时清除杂物、清理占用通道,发现隐患应及时上报并整改
10			站区内有杂草、树木、易燃物	火灾、物体打击、其他伤害					作业人员应定期清理站区内杂草、树木,确保站区内干净整洁
11			多层货架平台临边未设置栏杆、踢脚板	物体打击、其他伤害					1　库房作业人员应根据要求设置栏杆、踢脚板等; 2　管理部门应加强日常安全检查,确保相关设置到位
12			安全、职业卫生、警示、指示标志有缺陷	火灾、物体打击、其他伤害					管理部门应加强安全、职业卫生、警示、指示标志日常检查,发现隐患应及时上报并整改

表 36(续 2)

序号	作业场所	安全风险因素	安全风险原因	安全风险危害	安全风险			安全风险等级	管控措施
					后果严重性等级	可能性等级	风险指数		
13	设备及零部件库房及设备	物的因素	应急照明损坏或故障	火灾、物体打击、其他伤害					管理部门应加强应急照明日常检查，发现隐患应及时上报并整改
14		管理因素	1　现场未张贴现场安全管理规定； 2　张贴的现场安全管理规定内容存在问题	火灾、物体打击、其他伤害					1　管理部门应制定符合法律法规、标准规范要求的现场安全管理规定，并在现场张贴； 2　作业人员应加强现场安全管理规定的培训，掌握相关内容
15			1　现场无设备操作规程、无事故现场处置方案； 2　张贴的设备操作规程、事故现场处置方案内容存在问题	火灾、爆炸、其他伤害					1　管理部门应制订符合法律法规、标准规范要求的设备操作规程和事故现场处置方案，并在现场张贴； 2　作业人员应加强设备操作规程和事故现场处置方案培训，掌握相关内容
16			无运行值班、维护保养记录或记录有缺陷	火灾、爆炸、其他伤害					1　管理人员应定期检查运行值班、维护保养记录； 2　作业人员应做运行值班、维护保养记录

表37　易燃、易爆及危险化学品库(临时存放间、临时中转站)及设备安全风险因素清单

序号	作业场所	安全风险因素	安全风险原因	安全风险危害	安全风险			安全风险等级	管控措施
					后果严重性等级	可能性等级	风险指数		
1	易燃、易爆及危险化学品库(临时存放间、临时中转站)及设备	人的因素	1　作业人员无证上岗或证件过期的; 2　作业人员存在职业禁忌证	火灾、爆炸、中毒、其他伤害					教育培训管理部门应组织须取证的作业人员参加取证培训,并确保证书在有效期内
2			现场作业人员未穿戴劳防用品或劳防用品穿戴不规范	火灾、爆炸、中毒、其他伤害					1　管理部门应为员工配备符合标准要求的劳防用品; 2　作业人员应提高安全意识,现场作业必须按要求穿戴劳防用品; 3　作业主管应加强日常监管
3			设备设施无定期检查记录或检查记录有缺陷	火灾、爆炸、中毒、其他伤害					1　管理部门应定期检查设备设施并做好相关检查记录; 2　操作人员应做好设备设施日常检查并做好相关记录
4		物的因素	站区人员、车辆违反安全管理规定	火灾、爆炸、车辆伤害、中毒、其他伤害					培训部门及站房管理部门应做好作业人员、车辆操作人员安全培训,禁止“三违”现象发生
5			特种设备定期检验有缺陷	火灾、爆炸、中毒、其他伤害					1　管理部门应做好特种设备定期检查工作; 2　操作人员应做好特种设备日常检查并做好相关记录

表37(续1)

序号	作业场所	安全风险因素	安全风险原因	安全风险危害	安全风险			安全风险等级	管控措施
					后果严重性等级	可能性等级	风险指数		
6	易燃、易爆及危险化学品库(临时存放间、临时中转站)及设备	物的因素	库存物品无进出库记录或记录有缺陷	火灾、爆炸、中毒、其他伤害					1 库房作业人员应做好库存物品进出库记录; 2 管理人员应做好记录的日常检查工作
7			缺库存物品化学品安全说明书(material safety data sheet,MSDS)	火灾、爆炸、中毒、其他伤害					1 库房作业人员应做好库存物品的化学品安全说明书(material safety data sheet,MSDS)记录; 2 管理人员应做好记录的日常检查工作
8			库存物品未分类存放或不符合物品存放规	火灾、爆炸、中毒、其他伤害					1 库房作业人员应做好库存物品的分类存放; 2 管理人员应对库房进行日常检查
9			危险化学品未设置存放数量和限量标识、未分类存放	火灾、爆炸、中毒、其他伤害					1 库房作业人员应设置存放数量和限量标识; 2 管理人员应对库房进行日常检查
10			设备设施有缺陷	火灾、爆炸、中毒、其他伤害					1 管理部门应对设备设施做好检查维修,及时更新更换; 2 操作人员应做好设备设施置日常维护工作

表 37(续 2)

序号	作业场所	安全风险因素	安全风险原因	安全风险危害	安全风险			安全风险等级	管控措施
					后果严重性等级	可能性等级	风险指数		
11	易燃、易爆及危险化学品库(临时存放间、临时中转站)及设备	物的因素	设备设施操作标志有缺陷	火灾、爆炸、中毒、其他伤害					1　管理部门应对设备设施做好检查维修,及时更新更换; 2　操作人员应做好设备设施置日常维护工作
12			气体浓度探测等安全和报警装置失效、未定期检测或检测过期	火灾、爆炸、中毒、其他伤害					管理部门应定期检查压力表、安全阀等安全和报警装置,确保其有效
13			安全、职业卫生防护、检测、报警、急救装置和设备有缺陷	火灾、爆炸、中毒、其他伤害					管理部门应定期检查安全、职业卫生防护、检测、报警、急救装置和设备
14			灭火器配备不足或失效	火灾、爆炸、中毒、其他伤害					管理部门应定期检查灭火器,确保数量充足并未过期
15			站房内设备未定置摆放、存有杂物、通道不畅	火灾、爆炸、中毒、其他伤害					管理部门应加强站房内设备定置管理,及时清除杂物、清理占用通道,发现隐患应及时上报并整改
16			站区内有杂草、树木、易燃物	火灾、爆炸、中毒、其他伤害					作业人员应定期清理站区内杂草、树木,确保站区内干净整洁
17			站区与其他建筑物安全距离不符合标准规范规定	火灾、爆炸、中毒、其他伤害					1　站区在设计时应当与其他建筑物保持足够安全距离; 2　如不符合现行标准要求,管理部门应采取有效措施确保安全运行

表37(续3)

序号	作业场所	安全风险因素	安全风险原因	安全风险危害	安全风险			安全风险等级	管控措施
					后果严重性等级	可能性等级	风险指数		
18	易燃、易爆及危险化学品库(临时存放间、临时中转站)及设备	物的因素	安全、职业卫生、警示、指示标志有缺陷	火灾、爆炸、中毒、其他伤害					管理部门应加强安全、职业卫生、警示、指示标志日常检查,发现隐患应及时上报并整改
19			应急照明损坏或故障	火灾、爆炸、中毒、其他伤害					管理部门应加强应急照明日常检查,发现隐患应及时上报并整改
20		管理因素	1 现场未张贴现场安全管理规定; 2 张贴的现场安全管理规定内容存在问题	火灾、爆炸、中毒、其他伤害					1 管理部门应制定符合法律法规、标准规范要求的现场安全管理规定,并在现场张贴; 2 作业人员应加强现场安全管理规定的培训,掌握相关内容
21			1 现场无设备操作规程、无事故现场处置方案; 2 张贴的设备操作规程、事故现场处置方案内容存在问题	火灾、爆炸、中毒、其他伤害					1 管理部门应制订符合法律法规、标准规范要求的设备操作规程和事故现场处置方案,并在现场张贴; 2 作业人员应加强设备操作规程和事故现场处置方案培训,掌握相关内容
22			无运行值班、维护保养记录或记录有缺陷	火灾、爆炸、中毒、其他伤害					1 管理人员应定期检查运行值班、维护保养记录; 2 作业人员应做运行值班、维护保养记录

表 38　理化试验室及设备安全风险因素清单

序号	作业场所	安全风险因素	安全风险原因	安全风险危害	安全风险			安全风险等级	管控措施
					后果严重性等级	可能性等级	风险指数		
1	理化试验室及设备	人的因素	1　作业人员无证上岗或证件过期的； 2　作业人员存在职业禁忌证	火灾、爆炸、中毒、触电、其他伤害					教育培训管理部门应组织须取证的作业人员参加取证培训，并确保证书在有效期内
2			现场作业人员未穿戴劳防用品或劳防用品穿戴不规范	火灾、爆炸、中毒、触电、其他伤害					1　管理部门应为员工配备符合标准要求的劳防用品； 2　作业人员应提高安全意识，现场作业必须按要求穿戴劳防用品； 3　作业主管应加强日常监管
3		物的因素	电源线接线不规范	火灾、爆炸、触电、其他伤害					作业人员应接好电源线的接线
4			试验、检验设备存在安全隐患	火灾、爆炸、中毒、触电、其他伤害					1　作业人员应做好试验、检验设备的日常维护； 2　管理人员应做好记录的日常检查工作
5			涉及化学试剂无化学品安全说明书(material safety data sheet，MSDS)	火灾、爆炸、中毒、其他伤害					作业人员应做好化学试剂的化学品安全说明书(material safety data sheet，MSDS)记录
6			库存物品无进出库记录或记录有缺陷	火灾、爆炸、中毒、其他伤害					1　作业人员应做好库存物品无进出库记录； 2　管理人员应做好记录的日常检查工作

表 38(续 1)

序号	作业场所	安全风险因素	安全风险原因	安全风险危害	安全风险			安全风险等级	管控措施
					后果严重性等级	可能性等级	风险指数		
7	理化试验室及设备	物的因素	缺库存物品化学品安全说明书(material safety data sheet, MSDS)	火灾、爆炸、中毒、其他伤害					1 库房作业人员应做好库存物品进出库记录; 2 管理人员应做好记录的日常检查工作
8			杂物阻挡消防箱、灭火器材或灭火器材配备不足或失效	火灾、爆炸、其他伤害					管理部门应加强站房内设备定置管理,及时清除杂物、清理占用通道,发现隐患应及时上报并整改
9			安全、职业卫生、警示、指示标志有缺陷	火灾、爆炸、中毒、其他伤害					管理部门应加强安全、职业卫生、警示、指示标志日常检查,发现隐患应及时上报并整改
10			应急照明损坏或故障	其他伤害					管理部门应加强应急照明日常检查,发现隐患应及时上报并整改
11		管理因素	1 现场未张贴现场安全管理规定; 2 张贴的现场安全管理规定内容存在问题	火灾、爆炸、中毒、其他伤害					1 管理部门应制定符合法律法规、标准规范要求的现场安全管理规定,并在现场张贴; 2 作业人员应加强现场安全管理规定的培训,掌握相关内容

表 38(续 2)

序号	作业场所	安全风险因素	安全风险原因	安全风险危害	安全风险			安全风险等级	管控措施
					后果严重性等级	可能性等级	风险指数		
12	理化试验室及设备	管理因素	1 现场无设备操作规程、无事故现场处置方案； 2 张贴的设备操作规程、事故现场处置方案内容存在问题	火灾、爆炸、中毒、其他伤害					1 管理部门应制订符合法律法规、标准规范要求的设备操作规程和事故现场处置方案,并在现场张贴； 2 作业人员应加强设备操作规程和事故现场处置方案培训,掌握相关内容
13			无运行值班、维护保养记录或记录有缺陷	火灾、爆炸、中毒、其他伤害					1 管理人员应定期检查运行值班、维护保养记录； 2 作业人员应做运行值班、维护保养记录
14			1 危险化学品使用、储存、管理不规范； 2 危险化学品使用、储存、管理记录有缺陷	火灾、爆炸、中毒、其他伤害					1 库房作业人员应做好危险化学品使用、储存、管理； 2 管理人员应做好记录的日常检查工作

表 39　放射性检验室及设备安全风险因素清单

序号	作业场所	安全风险因素	安全风险原因	安全风险危害	安全风险			安全风险等级	管控措施
					后果严重性等级	可能性等级	风险指数		
1	放射性检验室及设备	人的因素	1　操作人员无放射工作人员证书或过期的; 2　作业人员存在职业禁忌证	职业性放射性疾病、其他伤害					教育培训管理部门应组织须取证的作业人员参加取证培训,并确保证书在有效期内
2			现场作业人员未穿戴劳防用品或劳防用品穿戴不规范	职业性放射性疾病、其他伤害					1　管理部门应为员工配备符合标准要求的劳防用品; 2　作业人员应提高安全意识,现场作业必须按要求穿戴劳防用品; 3　作业主管应加强日常监管
3		物的因素	电源线接线不规范	职业性放射性疾病、其他伤害					作业人员应接好电源线接线
4			放射性检验设备存在安全隐患	职业性放射性疾病、其他伤害					1　作业人员应做好放射性检验设备的日常维护; 2　管理人员应做好记录的日常检查工作
5			涉及化学试剂无化学品安全说明书(material safety data sheet,MSDS)	职业性放射性疾病、其他伤害					作业人员应做好化学试剂的化学品安全说明书(material safety data sheet,MSDS)记录
6			库存物品无进出库记录或记录有缺陷	职业性放射性疾病、其他伤害					1　作业人员应做好库存物品进出库记录; 2　管理人员应做好记录的日常检查工作

表39(续1)

序号	作业场所	安全风险因素	安全风险原因	安全风险危害	安全风险			安全风险等级	管控措施
					后果严重性等级	可能性等级	风险指数		
7	放射性检验室及设备	物的因素	杂物阻挡消防箱、灭火器材或灭火器材配备不足或失效	火灾、其他伤害					管理部门应加强站房内设备定置管理,及时清除杂物、清理占用通道,发现隐患应及时上报并整改
8			安全、职业卫生、警示、指示标志有缺陷	职业性放射性疾病、其他伤害					管理部门应加强安全、职业卫生、警示、指示标志日常检查,发现隐患应及时上报并整改
9			应急照明损坏或故障	职业性放射性疾病、其他伤害					管理部门应加强应急照明日常检查,发现隐患应及时上报并整改
10		管理因素	未取得射线探伤许可证	职业性放射性疾病、其他伤害					管理部门应确保实验室取得探伤许可证方可开展实验
11			1　现场未张贴现场安全管理规定; 2　张贴的现场安全管理规定内容存在问题	职业性放射性疾病、其他伤害					1　管理部门应制定符合法律法规、标准规范要求的现场安全管理规定,并在现场张贴; 2　作业人员应加强现场安全管理规定的培训,掌握相关内容
12			1　现场无设备操作规程、无事故现场处置方案; 2　张贴的设备操作规程、事故现场处置方案内容存在问题	职业性放射性疾病、其他伤害					1　管理部门应制订符合法律法规、标准规范要求的设备操作规程和事故现场处置方案,并在现场张贴; 2　作业人员应加强设备操作规程和事故现场处置方案培训,掌握相关内容

表39(续2)

序号	作业场所	安全风险因素	安全风险原因	安全风险危害	安全风险			安全风险等级	管控措施
					后果严重性等级	可能性等级	风险指数		
13	放射性检验室及设备	管理因素	个人剂量仪、辐射检测仪未按规定定期交检	职业性放射性疾病、其他伤害					管理部门应将个人剂量仪、辐射检测仪按规定定期交检
14			未配备操作人员防护装备	职业性放射性疾病、其他伤害					管理部门应确保为操作人员配备防护装备
15			无运行值班、维护保养记录或记录有缺陷	职业性放射性疾病、其他伤害					1 管理人员应定期检查运行值班、维护保养记录; 2 作业人员应做运行值班、维护保养记录
16			1 危险化学品使用、储存、管理不规范; 2 危险化学品使用、储存、管理记录有缺陷	职业性放射性疾病、其他伤害					1 库房作业人员应做好危险化学品使用、储存、管理; 2 管理人员应做好记录的日常检查工作

表 40 消防、安保中控室/微型消防站及设备安全风险因素清单

序号	作业场所	安全风险因素	安全风险原因	安全风险危害	安全风险			安全风险等级	管控措施
					后果严重性等级	可能性等级	风险指数		
1	消防、安保中控室/微型消防站及设备	人的因素	1 作业人员无证上岗或证件过期的； 2 作业人员存在职业禁忌证	火灾、爆炸、触电、其他伤害					教育培训管理部门应组织须取证的作业人员参加取证培训，并确保证书在有效期内
2			现场作业人员未穿戴劳防用品或劳防用品穿戴不规范	火灾、爆炸、触电、其他伤害					1 管理部门应为员工配备符合标准要求的劳防用品； 2 作业人员应提高安全意识，现场作业必须按要求穿戴劳防用品； 3 作业主管应加强日常监管
3			设备设施无定期检查记录或检查记录有缺陷	火灾、爆炸、触电、其他伤害					1 管理部门应定期检查设备设施并做好相关检查记录； 2 操作人员应做好设备设施日常检查并做好相关记录
4		物的因素	监控设备设施有缺陷	火灾、爆炸、触电、其他伤害					1 管理部门应对设备设施做好检查维修，及时更新更换； 2 操作人员应做好设备设施置日常维护工作
5			设备设施操作标志有缺陷	火灾、爆炸、触电、其他伤害					1 管理部门应对设备设施做好检查维修，及时更新更换； 2 操作人员应做好设备设施置日常维护工作

表 40(续 1)

序号	作业场所	安全风险因素	安全风险原因	安全风险危害	安全风险			安全风险等级	管控措施
					后果严重性等级	可能性等级	风险指数		
6	消防、安保中控室/微型消防站及设备	物的因素	气体浓度探测等安全和报警装置失效、未定期检测或检测过期	火灾、爆炸、触电、其他伤害					管理部门应定期检查压力表、安全阀等安全和报警装置,确保其有效
7			安全、职业卫生防护、检测、报警、急救装置和设备有缺陷	火灾、爆炸、触电、其他伤害					管理部门应定期检查安全、职业卫生防护、检测、报警、急救装置和设备
8			未按有关规定要求配备消防装置或有缺项	火灾、爆炸、触电、其他伤害					管理部门应按有关规定要求配备消防装置
9			安全、警示、指示标志有缺陷	火灾、爆炸、触电、其他伤害					管理部门应加强安全、警示、指示标志日常检查,发现隐患应及时上报并整改
10			应急照明损坏或故障	火灾、爆炸、触电、其他伤害					管理部门应加强应急照明日常检查,发现隐患应及时上报并整改
11		管理因素	1　现场未张贴现场安全管理规定; 2　张贴的现场安全管理规定内容存在问题	火灾、爆炸、触电、其他伤害					1　管理部门应制定符合法律法规、标准规范要求的现场安全管理规定,并在现场张贴; 2　作业人员应加强现场安全管理规定的培训,掌握相关内容

表40(续2)

序号	作业场所	安全风险因素	安全风险原因	安全风险危害	安全风险			安全风险等级	管控措施
					后果严重性等级	可能性等级	风险指数		
12	消防、安保中控室/微型消防站及设备	管理因素	1　现场无设备操作规程、无事故现场处置方案； 2　张贴的设备操作规程、事故现场处置方案内容存在问题	火灾、爆炸、触电、其他伤害					1　管理部门应制订符合法律法规、标准规范要求的设备操作规程和事故现场处置方案，并在现场张贴； 2　作业人员应加强设备操作规程和事故现场处置方案培训，掌握相关内容
13			无运行值班、维护保养记录或记录有缺陷	火灾、爆炸、触电、其他伤害					1　管理人员应定期检查运行值班、维护保养记录； 2　作业人员应做运行值班、维护保养记录

表 41　计算机房及设备安全风险因素清单

序号	作业场所	安全风险因素	安全风险原因	安全风险危害	安全风险			安全风险等级	管控措施
					后果严重性等级	可能性等级	风险指数		
14	计算机房及设备	人的因素	设备设施无定期检查记录或检查记录有缺陷	火灾、触电、其他伤害					1　管理部门应定期检查设备设施并做好相关检查记录; 2　操作人员应做好设备设施日常检查并做好相关记录
1		物的因素	监控设备设施有缺陷	火灾、触电、其他伤害					1　管理部门应对设备设施做好检查维修,及时更新更换; 2　操作人员应做好设备设施置日常维护工作
2			杂物阻挡消防箱或灭火器材	火灾、其他伤害					1　作业人员应及时清理消防箱或灭火器材; 2　管理人员应做好日常安全检查
3			小动物挡板缺少	火灾、触电、其他伤害					1　作业人员应做好小动物挡板的维护; 2　管理人员应做好日常安全检查
4			专用灭火装备失效	火灾、触电、其他伤害					管理人员应做好日常安全检查,确保专用灭火装备有效
5			电源线接线不规范	火灾、触电、其他伤害					1　作业人员应做好电源线接线规范; 2　管理人员应做好日常安全检查
6			安全、警示、指示标志有缺陷	火灾、触电、其他伤害					管理部门应加强安全、警示、指示标志日常检查,发现隐患应及时上报并整改

表 41(续)

序号	作业场所	安全风险因素	安全风险原因	安全风险危害	安全风险			安全风险等级	管控措施
					后果严重性等级	可能性等级	风险指数		
7	计算机房及设备	物的因素	应急照明损坏或故障	火灾、触电、其他伤害					管理部门应加强应急照明日常检查,发现隐患应及时上报并整改
8		管理因素	1　现场未张贴现场安全管理规定; 2　张贴的现场安全管理规定内容存在问题	火灾、触电、其他伤害					1　管理部门应制定符合法律法规、标准规范要求的现场安全管理规定,并在现场张贴; 2　作业人员应加强现场安全管理规定的培训,掌握相关内容
9			1　现场无设备操作规程、无事故现场处置方案; 2　张贴的设备操作规程、事故现场处置方案内容存在问题	火灾、触电、其他伤害					1　管理部门应制订符合法律法规、标准规范要求的设备操作规程和事故现场处置方案,并在现场张贴; 2　作业人员应加强设备操作规程和事故现场处置方案培训,掌握相关内容
10			无运行值班、维护保养记录或记录有缺陷	火灾、触电、其他伤害					1　管理人员应定期检查运行值班、维护保养记录; 2　作业人员应做运行值班、维护保养记录

表 42　UPS 电池间及设备安全风险因素清单

序号	作业场所	安全风险因素	安全风险原因	安全风险危害	安全风险			安全风险等级	管控措施
					后果严重性等级	可能性等级	风险指数		
1	UPS[①]电池间及设备	人的因素	设备设施无定期检查记录或检查记录有缺陷	火灾、触电、其他伤害					1　管理部门应定期检查设备设施并做好相关检查记录; 2　操作人员应做好设备设施日常检查并做好相关记录
2		物的因素	监控设备设施有缺陷	火灾、触电、其他伤害					1　管理部门应对设备设施做好检查维修,及时更新更换; 2　操作人员应做好设备设施置日常维护工作
3			杂物阻挡消防箱或灭火器材	火灾、其他伤害					1　作业人员应及时清理消防箱或灭火器材; 2　管理人员应做好日常安全检查
4			小动物挡板缺少	火灾、触电、其他伤害					1　作业人员应做好小动物挡板的维护; 2　管理人员应做好日常安全检查
5			专用灭火装备失效	火灾、触电、其他伤害					管理人员应做好日常安全检查,确保专用灭火装备有效
6			电源线接线不规范	火灾、触电、其他伤害					1　作业人员应做好电源线接线规范; 2　管理人员应做好日常安全检查

①　不间断电源(Uninterruptible Power Supply,UPS)

表 42(续)

序号	作业场所	安全风险因素	安全风险原因	安全风险危害	安全风险			安全风险等级	管控措施
					后果严重性等级	可能性等级	风险指数		
7	UPS 电池间及设备	物的因素	安全、警示、指示标志有缺陷	火灾、触电、其他伤害					管理部门应加强安全、警示、指示标志日常检查,发现隐患应及时上报并整改
8			应急照明损坏或故障	火灾、触电、其他伤害					管理部门应加强应急照明日常检查,发现隐患应及时上报并整改
9		管理因素	1　现场未张贴现场安全管理规定; 2　张贴的现场安全管理规定内容存在问题	火灾、触电、其他伤害					1　管理部门应制定符合法律法规、标准规范要求的现场安全管理规定,并在现场张贴; 2　作业人员应加强现场安全管理规定的培训,掌握相关内容
10			1　现场无事故现场处置方案; 2　张贴的事故现场处置方案内容存在问题	火灾、触电、其他伤害					1　管理部门应制订符合法律法规、标准规范要求的事故现场处置方案,并在现场张贴; 2　作业人员应加强事故现场处置方案培训,掌握相关内容
11			无运行值班、维护保养记录或记录有缺陷	火灾、触电、其他伤害					1　管理人员应定期检查运行值班、维护保养记录; 2　作业人员应做运行值班、维护保养记录

表43　档案室/资料室及设备安全风险因素清单

序号	作业场所	安全风险因素	安全风险原因	安全风险危害	安全风险			安全风险等级	管控措施
					后果严重性等级	可能性等级	风险指数		
1	档案室/资料室及设备	人的因素	设备设施无定期检查记录或检查记录有缺陷	火灾、触电、其他伤害					1　管理部门应定期检查设备设施并做好相关检查记录； 2　操作人员应做好设备设施日常检查并做好相关记录
2		物的因素	监控设备设施有缺陷	火灾、触电、其他伤害					1　管理部门应对设备设施做好检查维修，及时更新更换； 2　操作人员应做好设备设施置日常维护工作
3			杂物阻挡消防箱或灭火器材	火灾、其他伤害					1　作业人员应及时清理消防箱或灭火器材； 2　管理人员应做好日常安全检查
4			小动物挡板缺少	火灾、触电、其他伤害					1　作业人员应做好小动物挡板的维护； 2　管理人员应做好日常安全检查
5			专用灭火装备失效	火灾、触电、其他伤害					管理人员应做好日常安全检查，确保专用灭火装备有效
6			电源线接线不规范	火灾、触电、其他伤害					1　作业人员应做好电源线接线规范； 2　管理人员应做好日常安全检查

表 43(续)

序号	作业场所	安全风险因素	安全风险原因	安全风险危害	安全风险			安全风险等级	管控措施
					后果严重性等级	可能性等级	风险指数		
7	档案室/资料室及设备	物的因素	安全、警示、指示标志有缺陷	火灾、触电、其他伤害					管理部门应加强安全、警示、指示标志日常检查,发现隐患应及时上报并整改
8			应急照明损坏或故障	火灾、触电、其他伤害					管理部门应加强应急照明日常检查,发现隐患应及时上报并整改
9		管理因素	1　现场未张贴现场安全管理规定; 2　张贴的现场安全管理规定内容存在问题	火灾、触电、其他伤害					1　管理部门应制定符合法律法规、标准规范要求的现场安全管理规定,并在现场张贴; 2　作业人员应加强现场安全管理规定的培训,掌握相关内容
10			1　现场无事故现场处置方案; 2　张贴的事故现场处置方案内容存在问题	火灾、触电、其他伤害					1　管理部门应制订符合法律法规、标准规范要求的事故现场处置方案,并在现场张贴; 2　作业人员应加强事故现场处置方案培训,掌握相关内容
11			无运行值班、维护保养记录或记录有缺陷	火灾、触电、其他伤害					1　管理人员应定期检查运行值班、维护保养记录; 2　作业人员应做运行值班、维护保养记录

表 44　复印室/晒图室及设备安全风险因素清单

序号	作业场所	安全风险因素	安全风险原因	安全风险危害	安全风险			安全风险等级	管控措施
					后果严重性等级	可能性等级	风险指数		
1	复印室/晒图室及设备	人的因素	设备设施无定期检查记录或检查记录有缺陷	火灾、触电、其他伤害					1　管理部门应定期检查设备设施并做好相关检查记录; 2　操作人员应做好设备设施日常检查并做好相关记录
2		物的因素	监控设备设施有缺陷	火灾、触电、其他伤害					1　管理部门应对设备设施做好检查维修,及时更新更换; 2　操作人员应做好设备设施置日常维护工作
3			杂物阻挡消防箱或灭火器材	火灾、其他伤害					1　作业人员应及时清理消防箱或灭火器材; 2　管理人员应做好日常安全检查
4			涉及化学药剂无化学品安全说明书(material safety data sheet,MSDS)	中毒、其他伤害					作业人员应做好化学试剂的化学品安全说明书(material safety data sheet,MSDS)记录
5			专用灭火装备失效	火灾、触电、其他伤害					管理人员应做好日常安全检查,确保专用灭火装备有效
6			电源线接线不规范	火灾、触电、其他伤害					1　作业人员应做好电源线接线规范; 2　管理人员应做好日常安全检查

表44(续1)

序号	作业场所	安全风险因素	安全风险原因	安全风险危害	安全风险			安全风险等级	管控措施
					后果严重性等级	可能性等级	风险指数		
7	复印室/晒图室及设备	物的因素	安全、警示、指示标志有缺陷	火灾、触电、其他伤害					管理部门应加强安全、警示、指示标志日常检查,发现隐患应及时上报并整改
8			应急照明损坏或故障	火灾、触电、其他伤害					管理部门应加强应急照明日常检查,发现隐患应及时上报并整改
9		管理因素	1 现场未张贴现场安全管理规定; 2 张贴的现场安全管理规定内容存在问题	火灾、触电、其他伤害					1 管理部门应制定符合法律法规、标准规范要求的现场安全管理规定,并在现场张贴; 2 作业人员应加强现场安全管理规定的培训,掌握相关内容
10			1 现场无事故现场处置方案; 2 张贴的事故现场处置方案内容存在问题	火灾、触电、其他伤害					1 管理部门应制订符合法律法规、标准规范要求的事故现场处置方案,并在现场张贴; 2 作业人员应加强事故现场处置方案培训,掌握相关内容
11			无运行值班、维护保养记录或记录有缺陷	火灾、触电、其他伤害					1 管理人员应定期检查运行值班、维护保养记录; 2 作业人员应做运行值班、维护保养记录

表44(续2)

序号	作业场所	安全风险因素	安全风险原因	安全风险危害	安全风险			安全风险等级	管控措施
					后果严重性等级	可能性等级	风险指数		
12	复印室/晒图室及设备	管理因素	1 化学品使用、储存、管理不规范； 2 化学品使用、储存、管理记录有缺陷	中毒、其他伤害					1 作业人员应做好化学品使用、储存、管理； 2 管理人员应做好记录的日常检查工作

表45　办公室(会议室、公共上网室等)及设备安全风险因素清单

<table>
<tr><th rowspan="2">序号</th><th rowspan="2">作业场所</th><th rowspan="2">安全风险因素</th><th rowspan="2">安全风险原因</th><th rowspan="2">安全风险危害</th><th colspan="3">安全风险</th><th rowspan="2">安全风险等级</th><th rowspan="2">管控措施</th></tr>
<tr><th>后果严重性等级</th><th>可能性等级</th><th>风险指数</th></tr>
<tr><td>1</td><td rowspan="7">办公室(会议室、公共上网室等)及设备</td><td>人的因素</td><td>设备设施无定期检查记录或检查记录有缺陷</td><td>火灾、触电、其他伤害</td><td></td><td></td><td></td><td></td><td>1　设备设施管理部门应定期检查设备设施并做好相关检查记录；
2　设备设施操作人员应做好设备设施日常检查并做好相关记录</td></tr>
<tr><td>2</td><td rowspan="5">物的因素</td><td>杂物阻挡消防箱或灭火器材</td><td>火灾、其他伤害</td><td></td><td></td><td></td><td></td><td>1　作业人员应及时清理消防箱或灭火器材；
2　管理人员应做好日常安全检查</td></tr>
<tr><td>3</td><td>专用灭火装备失效</td><td>火灾、触电、其他伤害</td><td></td><td></td><td></td><td></td><td>管理人员应做好日常安全检查,确保专用灭火装备有效</td></tr>
<tr><td>4</td><td>电源线接线不规范</td><td>火灾、触电、其他伤害</td><td></td><td></td><td></td><td></td><td>1　作业人员应做好电源线接线规范；
2　管理人员应做好日常安全检查</td></tr>
<tr><td>5</td><td>安全、警示、指示标志有缺陷</td><td>火灾、触电、其他伤害</td><td></td><td></td><td></td><td></td><td>管理部门应加强安全、警示、指示标志日常检查,发现隐患应及时上报并整改</td></tr>
<tr><td>6</td><td>应急照明损坏或故障</td><td>火灾、触电、其他伤害</td><td></td><td></td><td></td><td></td><td>管理部门应加强应急照明日常检查,发现隐患应及时上报并整改</td></tr>
<tr><td>7</td><td>管理因素</td><td>1　现场未张贴现场安全管理规定；
2　张贴的现场安全管理规定内容存在问题</td><td>火灾、触电、其他伤害</td><td></td><td></td><td></td><td></td><td>1　管理部门应制定符合法律法规、标准规范要求的现场安全管理规定,并在现场张贴；
2　作业人员应加强现场安全管理规定的培训,掌握相关内容</td></tr>
</table>

表45(续)

序号	作业场所	安全风险因素	安全风险原因	安全风险危害	安全风险			安全风险等级	管控措施
					后果严重性等级	可能性等级	风险指数		
8	办公室(会议室、公共上网室等)及设备	管理因素	1　现场无事故现场处置方案; 2　张贴的事故现场处置方案内容存在问题	火灾、触电、其他伤害					1　管理部门应制订符合法律法规、标准规范要求的事故现场处置方案,并在现场张贴; 2　作业人员应加强事故现场处置方案培训,掌握相关内容
9			无运行值班、维护保养记录或记录有缺陷	火灾、触电、其他伤害					1　管理人员应定期检查运行值班、维护保养记录; 2　作业人员应做运行值班、维护保养记录

表46　食堂/餐厅及设备安全风险因素清单

序号	作业场所	安全风险因素	安全风险原因	安全风险危害	安全风险			安全风险等级	管控措施
					后果严重性等级	可能性等级	风险指数		
1	食堂/餐厅及设备	人的因素	设备设施无定期检查记录或检查记录有缺陷	火灾、触电、其他伤害					1　管理部门应定期检查设备设施并做好相关检查记录； 2　操作人员应做好设备设施日常检查并做好相关记录
2		物的因素	杂物阻挡消防箱或灭火器材	火灾、其他伤害					1　作业人员应及时清理消防箱或灭火器材； 2　管理人员应做好日常安全检查
3			电热器具存在隐患	火灾、触电、其他伤害					管理人员应做好日常安全检查，确保专用电热器具有效
4			电源线接线不规范	火灾、触电、其他伤害					1　作业人员应做好电源线接线规范； 2　管理人员应做好日常安全检查
5			安全、警示、指示标志有缺陷	火灾、触电、其他伤害					管理部门应加强安全、警示、指示标志日常检查，发现隐患应及时上报并整改
6		管理因素	应急照明损坏或故障	火灾、触电、其他伤害					管理部门应加强应急照明日常检查，发现隐患应及时上报并整改
7			1　现场未张贴现场安全管理规定； 2　张贴的现场安全管理规定内容存在问题	火灾、触电、其他伤害					1　管理部门应制定符合法律法规、标准规范要求的现场安全管理规定，并在现场张贴； 2　作业人员应加强现场安全管理规定的培训，掌握相关内容

表 46(续)

序号	作业场所	安全风险因素	安全风险原因	安全风险危害	安全风险			安全风险等级	管控措施
					后果严重性等级	可能性等级	风险指数		
8	食堂/餐厅及设备	管理因素	1 现场无事故现场处置方案; 2 张贴的事故现场处置方案内容存在问题	火灾、触电、其他伤害					1 管理部门应制订符合法律法规、标准规范要求的事故现场处置方案,并在现场张贴; 2 作业人员应加强事故现场处置方案培训,掌握相关内容
9			现场无应急疏散图	火灾、触电、其他伤害					管理人员应在现场张贴应急疏散图,确保发生危险时人员能够及时撤离
10			无运行值班、维护保养记录或记录有缺陷	火灾、触电、其他伤害					1 管理人员应定期检查运行值班、维护保养记录; 2 作业人员应做运行值班、维护保养记录

表 47　食品加工间及设备安全风险因素清单

序号	作业场所	安全风险因素	安全风险原因	安全风险危害	安全风险			安全风险等级	管控措施
					后果严重性等级	可能性等级	风险指数		
1	食品加工间及设备	人的因素	1　操作人员无食品卫生许可证； 2　操作人员食品卫生许可证已过期	其他伤害					管理部门应组织须取证的作业人员参加取证培训，并确保证书在有效期内
2			操作人员食品操作中未正确佩戴防护用品	机械伤害、其他伤害					1　管理部门应为员工配备符合标准要求的劳防用品； 2　作业人员应提高安全意识，现场作业必须按要求穿戴劳防用品； 3　作业主管应加强日常监管
3			设备设施无定期检查记录或检查记录有缺陷	火灾、触电、机械伤害、其他伤害					1　管理部门应定期检查设备设施并做好相关检查记录； 2　操作人员应做好设备设施日常检查并做好相关记录
4		物的因素	杂物阻挡消防箱或灭火器材	火灾、其他伤害					1　作业人员应及时清理消防箱或灭火器材； 2　管理人员应做好日常安全检查
5			电热器具存在隐患	火灾、触电、其他伤害					管理人员应做好日常安全检查，确保专用电热器具有效
6			电源线接线不规范	火灾、触电、其他伤害					1　作业人员应做好电源线接线规范； 2　管理人员应做好日常安全检查

表 47(续 1)

序号	作业场所	安全风险因素	安全风险原因	安全风险危害	安全风险			安全风险等级	管控措施
					后果严重性等级	可能性等级	风险指数		
7	食品加工间及设备	物的因素	燃料使用、存储、管理不规范	火灾、爆炸、其他伤害					1　作业人员应做好燃料使用、存储工作; 2　管理人员应做好日常安全检查
8			食品留样不规范	其他伤害					1　作业人员应做好食品留样工作; 2　管理人员应做好日常安全检查
9			食品加工机械存在安全隐患	触电、机械伤害、其他伤害					1　作业人员应做好食品加工机械的日常安全管理并严格按照操作规程使用; 2　管理人员应做好日常安全检查
10			安全、警示、指示标志有缺陷	火灾、触电、机械伤害、其他伤害					管理部门应加强安全、警示、指示标志日常检查,发现隐患应及时上报并整改
11			应急照明损坏或故障	火灾、触电、其他伤害					管理部门应加强应急照明日常检查,发现隐患应及时上报并整改
12		管理因素	1　现场未张贴现场安全管理规定; 2　张贴的现场安全管理规定内容存在问题	火灾、触电、机械伤害、其他伤害					1　管理部门应制定符合法律法规、标准规范要求的现场安全管理规定,并在现场张贴; 2　作业人员应加强现场安全管理规定的培训,掌握相关内容

表 47(续 2)

序号	作业场所	安全风险因素	安全风险原因	安全风险危害	安全风险			安全风险等级	管控措施
					后果严重性等级	可能性等级	风险指数		
13	食品加工间及设备	管理因素	1　现场无事故现场处置方案； 2　张贴的事故现场处置方案内容存在问题	火灾、触电、机械伤害、其他伤害					1　管理部门应制订符合法律法规、标准规范要求的事故现场处置方案，并在现场张贴； 2　作业人员应加强事故现场处置方案培训，掌握相关内容
14			现场无应急疏散图	火灾、触电、其他伤害					管理人员应在现场张贴应急疏散图，确保发生危险时人员能够及时撤离
15			无运行值班、维护保养记录或记录有缺陷	火灾、触电、机械伤害、其他伤害					1　管理人员应定期检查运行值班、维护保养记录； 2　作业人员应做运行值班、维护保养记录

表 48　厂内道路安全风险因素清单

序号	作业场所	安全风险因素	安全风险原因	安全风险危害	安全风险			安全风险等级	管控措施
					后果严重性等级	可能性等级	风险指数		
1	厂内道路	物的因素	未在厂区车辆出入口设置各类车辆限速标志	车辆伤害、其他伤害					1　管理部门应在厂区车辆出入口设置各类车辆限速标志； 2　管理人员应做好日常安全检查
2			占用道路或道路施工未设置警示标志	车辆伤害、其他伤害					管理人员应对厂内道路进行巡查，占用道路或道路施工应设置警示标志
3			厂区道路未画设道路标志	车辆伤害、其他伤害					管理部门应对厂区道路画设道路标志
4			交通指示标志、警示标志有缺项	车辆伤害、其他伤害					管理部门应加强交通指示标志、警示标志日常检查，发现隐患应及时上报并整改
5			道路有明显的不便车辆通行的洼坑	车辆伤害、其他伤害					管理部门应加强道路巡查，发现有坑洼的地方应及时整改
6			道路盖、板缺失	车辆伤害、其他伤害					管理部门应加强道路巡查，发现道路盖、板缺失的地方应及时整改

表 49　防汛防台设施安全风险因素清单

序号	作业场所	安全风险因素	安全风险原因	安全风险危害	安全风险			安全风险等级	管控措施
					后果严重性等级	可能性等级	风险指数		
1	防汛防台设施	物的因素	防汛防台设施未按规定定期检查	淹溺、其他伤害					管理部门应对防汛防台设施按规定进行定期检查，发现有隐患的应立即整改
2			防汛防台建筑物、设施设备有缺陷	淹溺、其他伤害					管理部门应对防汛防台建筑物、设施设备进行定期安全检查，发现有隐患的应立即整改
3			排水排涝设施有缺陷	淹溺、其他伤害					管理部门应对排水排涝设施进行定期安全检查，发现有隐患的应立即整改
4			防汛防台物资有缺项或配备不足	淹溺、其他伤害					管理部门因确保防汛防台物资足量配备
5		管理因素	未建立防汛防台设施、物资台账	淹溺、其他伤害					管理人员应建立防汛防台设施、物资台账
6			防汛防台设施、物资台账记录有缺陷	淹溺、其他伤害					管理人员应确保防汛防台设施、物资台账记录完整可靠